日本語学習者の文法習得

野田尚史・迫田久美子
渋谷勝己・小林典子

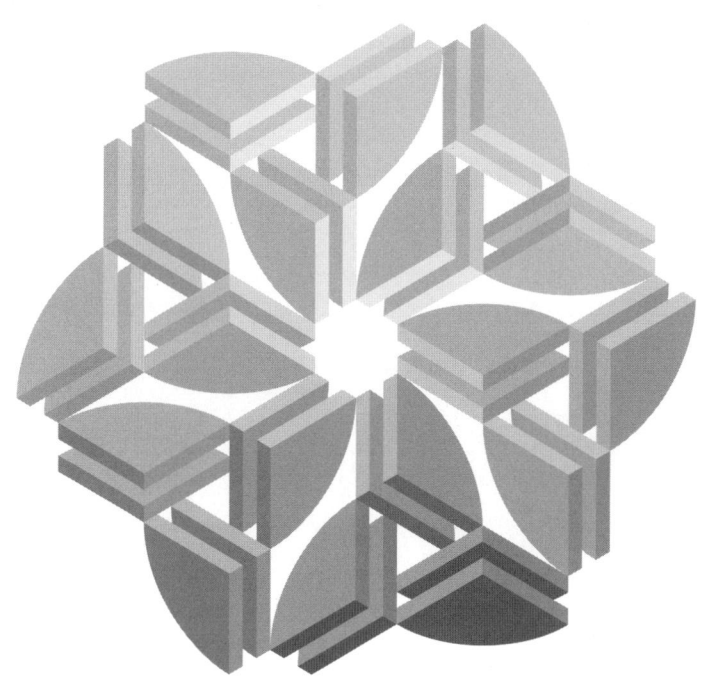

大修館書店

目　次

本書の内容と構成——————ix

第1章　学習者独自の文法
　　　　学習者は独自の文法を作り出す　（迫田久美子）——————3
　〈1〉学習者の誤用の大切さ　4
　　　学習者の誤用／誤用の意義／レベルの違いと誤用の種類
　〈2〉日本語の指示詞コ・ソ・ア　7
　　　指示詞コ・ソ・アとその用法／教科書の中のコ・ソ・ア
　〈3〉母語の違いと学習者のコ・ソ・ア　9
　　　作文に現れるコ・ソ・ア／対話に現れるコ・ソ・ア／3年間の
　　　コ・ソ・アの発達
　〈4〉学習者独自のコ・ソ・アの文法　18
　　　学習者にはないコ・ソ・アの観点／学習者独自のソとアの使い
　　　分け／日本語学習者の中間言語

第2章　学習者の文法処理方法
　　　　学習者は近くを見て処理をする　（迫田久美子）——————25
　〈1〉ユニット形成のストラテジー　26
　　　教師の目と学習者の目／ユニット形成のストラテジー
　〈2〉場所を表す「に」と「で」のユニット形成　29
　　　学習者の「に」と「で」の誤用／「に」と「で」のユニット形
　　　成／英語習得のユニット形成
　〈3〉付加のストラテジー　35
　　　形式の習得と機能の習得／付加のストラテジー
　〈4〉否定形の付加のストラテジー　37
　　　学習者の否定形の誤用／否定形の付加のストラテジー／知って
　　　いることと使えること

第3章　学習者独自の文法の背景
　　　　学習者独自の文法は必然的に生まれる　（野田尚史）————45
　　〈1〉不合理な文法規則——過去丁寧形の場合　46
　　　　学習者の過去丁寧形／イ形容詞の過去丁寧形の背景／動詞の過去丁寧形の背景／学習者は合理的な文法規則を作る
　　〈2〉ニセの文法規則——場所の「に」と「で」の場合　50
　　　　学習者の「に」と「で」／母語話者の「に」と「で」／教科書の「に」と「で」／学習者は近似的な文法規則を作る
　　〈3〉ゆれのある文法規則——無助詞の場合　55
　　　　学習者の無助詞／母語話者の無助詞／母語話者の無助詞のゆれ／学習者は単純な文法規則を作る
　　〈4〉学習者独自の文法の役割　60
　　　　学習者の文法は理にかなったものである／少ない労力で大きな成果を得られる

第4章　誤用の隠れた原因
　　　　誤用の原因はいろいろなところに潜んでいる（小林典子）————63
　　〈1〉誤用の出現した言語行動　64
　　　　課題によって異なる誤り／処理時間が短いための誤り／産出方法により異なる誤りの性質
　　〈2〉文法テストでの誤り　67
　　　　テストは不自然な言語行動／テストがひき起こす誤り／文法テストの特徴
　　〈3〉学習者の推論した誤った文法知識　72
　　　　教師や教科書の例文から推論した固定的なルール／語順固定型／部分固定型／母語や既習言語の知識を利用したための誤り／学習者の論理を越えた理解の難しい文法／音からの誤解
　　〈4〉教授法で異なる問題　79
　　　　形式主義がひき起こす誤り／会話機能重視の練習から出てきた誤り

第5章　学習者の母語の影響
　　　　学習者の母語が影響する場合としない場合がある
　　　　　　　　　　　　　　　　　　　（渋谷勝己）————83
　　〈1〉母語の影響は本当にあるのか　84
　　　　習慣の持ち込み／母語の習慣の持ち込み

〈2〉母語の影響の出やすいところと出にくいところ　*85*
母語の影響が出やすい部分と出にくい部分／母語─学習言語間の対応関係と習得の難易度／学習者間の個別性／可能形式に見る転移／中級に転移が多いわけ

〈3〉母語は「悪役」か　*92*
知識は活かされる／母語の影響の2つの側面

〈4〉母語を精一杯活用する　*94*
母語だけの特徴だと思う／学習言語にもあると思う／学習者による主体的評価／言語と言語の間の類似度の認識／学習の合理化と母語の役割

第6章　文法項目の難易度
難しい文法項目は複雑な処理を要求される（野田尚史）————*101*

〈1〉文法項目の習得とは？　*102*
形が作れることとそれが使えることは違う／使えるというのは対立を習得することである／対立を習得するというのは共起関係を習得することである

〈2〉形態に関する難易度仮説　*105*
形態に関する2条件／広狭条件／大小条件

〈3〉対立に関する難易度仮説　*108*
対立に関する2条件／軽重条件／異同条件

〈4〉共起に関する難易度仮説　*112*
共起に関する4条件／遠近条件／前後条件／内外条件／単複条件

〈5〉難しい文法項目のやさしい部分　*117*
「～のだ」／尊敬語・謙譲語

第7章　文法の理解と運用
「分かった」と「使える」は違う　（野田尚史）————*121*

〈1〉省略の理解と運用　*122*
省略の理解と運用の失敗／省略を補う文法的手段／省略の条件を整える文法的手段／談話の中での省略の運用

〈2〉「は」と「が」の理解と運用　*126*
これまでの「は」と「が」の習得研究／学習者独自の「は」と「が」の文法／「は」と「が」の対立／「は」と「が」の穴埋めテストの解釈／「は」と「が」の対立の習得

〈3〉 普通体語形の理解と運用　*132*
　　普通体語形の2つの用法／聞き手目当ての普通体語形の運用／聞き手を考えない普通体語形の運用／談話の中での普通体語形の運用

第8章　効果的な練習の方法
　　うまく習得してもらうには工夫がいる　（小林典子）────*139*
〈1〉 時と場合によって変えたほうがいい練習方法　*140*
　　文法形式に焦点をあてる文法練習／特定の場面・機能の会話に焦点をあてた表現練習／骨格を担う文法と気持ちを担う文法／学習タイプと文法習得
〈2〉 学習者に文法を気づかせる　*144*
　　媒介語による解説の是非／文型による導入／例文の対立による気づき／音声情報の利用／文体の違いへの気づき
〈3〉 文法の練習ドリル　*155*
　　文脈の中で文法的な意味をつかませる／課題解決型ドリル／教室の外での課題

第9章　文法の習得とカリキュラム
　　教え方も変えていかなければならない　（小林典子）────*159*
〈1〉 初級から上級へ学習すべきことの重点の変化　*160*
〈2〉 骨格を担う文法から気持ちを担う文法へ　*161*
　　格助詞ととりたて助詞／終助詞と終助詞相当語／文末表現
〈3〉 単文から複文へ　*165*
　　「～た」の場合／自動詞と他動詞／推量や否定の作用域
〈4〉 複文から文章へ　*169*
　　話し手の意識／話し手の視点
〈5〉 構文論レベルの学習から語用論レベルの学習へ　*171*
　　具体的な言語使用／相手への配慮と損益の関係

第10章　教室での習得と自然な習得
　　先生に習うのと自然に覚えるのは違う　（渋谷勝己）────*177*
　　習得の社会的な状況／習得環境の4つのタイプ／複雑な学習環境

目次——vii

〈1〉究極のコミュニケーション：ピジン　*179*
　　自然獲得の起こる社会的条件／明治時代初期のピジン／ピジンの特徴／接触の長期化とことばの拡張
〈2〉在日コリアン一世の日本語　*183*
　　会話の実態／その独自性
〈3〉パラオの日本語　*185*
　　会話の実態／その独自性／一定のレベルに達したことばは衰えない
〈4〉自然な環境での獲得と教室環境での学習　*189*
　　自然な環境における獲得／母語話者の歩み寄り／教室場面における学習／外国語環境における教室場面での学習／最も効果的な習得環境とは

第11章　母語の習得と外国語の習得
子供が母語を覚えるのと大人が外国語を習うのは違う
（迫田久美子）——*195*

〈1〉母語と外国語の習得研究　*195*
　　母語と外国語の習得の違い／母語と外国語の習得過程
〈2〉母語におけるコ・ソ・アの習得　*200*
　　幼児のコ・ソ・アの出現／児童のコ・ソ・アの発達／母語におけるコ・ソ・アの習得の謎
〈3〉母語と外国語のコ・ソ・アの習得　*204*
　　幼児の発話に見られるコ・ソ・アの用法／母語と外国語の習得の比較
〈4〉コ・ソ・アの習得に影響を与える要因　*208*
　　学習者自身の要因／母親の発話／教師の発話／言語習得に影響を与える要因

第12章　習得研究の過去と未来
習得の仕方を調べるといろいろなことが分かる
（渋谷勝己）——*213*

〈1〉過去の第二言語習得研究を振り返る　*214*
　　まずは「母語の影響」から／予想と違う！／誤用分析の貢献／わき出る疑問／人間探求の学問／学習者間の個別性の追究／しかし分からない
〈2〉習得研究は教育現場に役に立つのか　*220*

　　　　誤用分析と言語教育／まず相手を知る／応用のありか／1つの事例：可能文／直しすぎに注意／地図とドライバーとナビゲータ／第二言語習得研究へのいざない
　〈3〉今後の第二言語習得研究に託されていること　225
　　　　できるだけ多くの言語を対象に／できるだけ多様な学習者を対象に／できるだけ多様な文法項目を対象に／日本語習得現場の多様性を踏まえて／ふたたび第二言語習得研究へのいざない

調査資料————229
参照文献————231
あとがき————237
索　　引————239

本書の内容と構成

　本書は，日本語を母語としない人たちが日本語をどのように習得していくのかという問題を扱った本である。専門的な用語でいえば「第二言語としての日本語の習得研究」ということになる。テーマは日本語教育でも関心の高い「文法」に絞り，具体例をできるだけたくさんあげ，日本語教育への提言などを含め，多くの人が興味を持ちそうなトピックを幅広く扱っている。

　本書を貫いている基本的な考え方は，日本語学習者は，単に，教室で教えられたことを覚えたり，街で聞いたことばをそのまま再現するだけの受動的な存在ではないということである。学習者は，教えられたことや耳で聞いたことばから，学習者独自の文法規則を次々と作りだし，その文法に従って日本語を話したり書いたりする能動的な主体だということである。

　そして，そのような学習者独自の文法は，学習者の母語が違っても同じであったり，母語の文法より合理的と言えるものであったりする。そういう視点から見ると，学習者の「誤用」も大切な成長のあかしと考えたほうがよいし，教室での教え方も考え直さなければならなくなるのである。

　本書は12章からできている。どこから読み始めていただいてもよい。それぞれの章は，次のような内容になっている。

　第1章では，日本語学習者が，日本語教師が思いもつかないような文法規則を作っていることを，推理小説のように解き明かす。

　第2章では，日本語学習者が自分にあったストラテジーを駆使して，独自の文法を構築しているさまを，具体的に証明する。

　第3章では，学習者独自の文法はでたらめに作られるのではないとして，そうした文法が作られる犯人は日本語文法の中に潜んでいると推理する。

　第4章では，学習者の誤用の原因は，教師が考えているほど単純なものではないことがあるとして，誤用の真犯人を探す方法を伝授する。

第5章では，学習者の誤用はすべてその学習者の母語の影響だという俗説を排し，母語の影響がある部分とない部分を分離・精製する。

　第6章では，日本語学習者にとって難しい文法項目とやさしい文法項目があるのはどうしてなのかを考え，全部で8つの難易度条件を提案する。

　第7章では，わかっているようで使えない文法項目や，使えるようでもわかっていない文法項目にメスを入れ，そうした文法項目の本質を暴く。

　第8章では，学習者が日本語を楽に習得してほしいという願いを込めて，学習者の習得の仕方を踏まえた日本語の教え方を例示する。

　第9章では，学習者の習得の癖を知った上で，初級から上級までそれぞれの段階で何をどう教えればよいのか，そのシラバスを披露する。

　第10章では，日本語を教室で先生に習う場合と，生活の中で自然に覚える場合ではどこがどう違うのかを，貴重なデータをもとに実証する。

　第11章では，子供が母語として日本語を獲得するのと，大人が外国語として日本語を習得するのは同じか違うかという大きな謎に挑む。

　第12章では，これまで習得研究がどのように発展してきたか，またこれからどの方向に進むべきかを，教育現場とのかかわりを含めて提言する。

　本書の執筆は，専門の異なる4人が分担している。日本語の習得研究を専門とする迫田久美子のほか，現代日本語文法が専門の野田尚史，日本語のバリエーション研究など社会言語学が専門の渋谷勝己，日本語教育を専門とする小林典子がそれぞれ3章ずつの執筆を担当している。

　本書は，本格的な研究が始まったばかりといってもよい日本語の文法習得をテーマにしているため，お読みになると，疑問点や問題点もたくさん見つかるだろう。そういう問題点をきっかけに，よりよい研究が行われるようになり，日本語の習得研究が大きく前進すれば，私たちにとっては大きな喜びである。この分野の研究が飛躍的に進み，この本に書いてあることが古くさくなる時代が早く来るように願っている。

（野田尚史）

日本語学習者の文法習得

第1章

学習者独自の文法
学習者は独自の文法を作り出す

「わたしは国際交流会館で住んでいます。」「わたし,食べるじゃないよ,さしみ。」

　このように,日本語学習者の文や発話には多くの誤用がある。たとえ日本人(日本語母語話者)のように上手に話していると思われる学習者でも,よく聞いていると母語話者とは違う言い回しや誤用が見られる。教える側としては,学習者の誤用をできるだけなくしたいと考え,いろいろな工夫をし,練習を行う。しかし,学習者は間違う。すると,教師のほうは,「あれだけ教えたのに,どうして間違うのだろう。」「この前の授業ではできたのに,また今日間違って…」とため息まじりに考え込んでしまう。

　この章では,まず,学習者の誤用が教師の悩みのタネとして扱われるべきではなく,むしろ学習者が学習していることの証であること,学習者は必然的に誤用を生み出すものであること,教える側は学習者の誤用から多くの情報が得られることなど,誤用の重要性を考える。

　次に,日本語の指示詞コ・ソ・アの表現を取り上げ,作文や会話に現れた学習者の誤用を観察しながら,学習者の母語の違いや学習レベルの違いがそれにどのように関わっているのかを紹介する。そして,学習者は「この・その・あの」などのコ・ソ・アの表現を教師が教えたようには捉えていないこと,学習者は教えられた文法規則とは異なった,学習者独自の文法規則を作り上げてコ・ソ・アを使っていることを明らかにする。

〈1〉学習者の誤用の大切さ

|学習者の誤用|

　日本語を教えていると，学習者の誤用に出会い，今まで意識しなかった日本語の使い方の説明に苦慮することがよくある。

　　学習者：先生，今日，留学生のパーティをします。私の家に来ませんか。ビールがよく冷えるために，昨日から冷蔵庫に入れていますよ。

　パーティに行くか行かないかの返事をする前に，学習者の誤用が気になって，つい「「よく冷えるために」ではなく「よく冷えるように」を使ったほうがいいよ。」と言ってしまう。すると，「先生，では「ために」と「ように」はどう違いますか。」という質問に変わる。日本語を教え始めてまもない頃は即答できず，自分はネイティブなのにと情けない思いをしたことがある。1週間の猶予をもらい，目的を表す「ために」の勉強を始める。そして，「冷える」「できる」のような無意志動詞は使えないこと，「ビールが冷える」と「私が冷蔵庫に入れる」では主語が同じではないので誤用になるなど，今まで意識していなかった「ために」の使い方の制約を勉強することになる。

　このように，日本語学習者からの誤用や質問は，まさに予測しないところに訪れて教師を慌てさせる。（1）～（3）はこれまで日本語の授業で見られた学習者の誤用例である。下線部は誤りの部分，［　］は補足，（→　）は正用，（　）内は学習者の国籍とレベルをそれぞれ表す。

　（1）　きのう映画を見て，と（→φ）プルでおよぎて，と（→φ）
　　　　　　　　　　　　　　　　　　　　　　　　　（アメリカ，初級）
　（2）　わたしは，いま国際交流会館で（→に）住んでいます。
　　　　　　　　　　　　　　　　　　　　　　　　　（マレーシア，初級）
　（3）　風邪をひいたんですから（→ひいたので），学校を休みました。
　　　　　　　　　　　　　　　　　　　　　　　（オーストラリア，中級）

　読者の中にはこれらの誤用を聞いたり，見たりしたことのある方も多い

のではないだろうか。

誤用の意義

　誤用にはいくつかの重要な意義がある。まず，第一に，私たちが無意識に使っていることばのルールが明らかになる。（1）の誤用から，日本語の「と」は英語の and と違って，節や文を繋ぐことはできないことが分かる。また，語と語を繋ぐ場合でも「彼は医者と（→で）作家です」のような誤用からは同一人物の属性を表す場合には使えず，「彼らは医者と作家です。」のように異なる存在の場合にしか使えないという「と」のルールが明らかになる。

　第二に，学習者がどの程度分かっていて，どこでつまずいているのかが分かる。（2）の誤用では，「この学習者は，場所の後に格助詞が必要なことは分かっているけれども，「に」と「で」の選択が正しくないのだな。」ということが分かり，「に」と「で」の使い方の違いを再度提示するなど，今後の指導の参考にすることができる。

　第三には，学習者は誤用を犯すことによって，自分なりのルールの検証をし，間違いだと気づくことで軌道修正を行い，習得を進めていく。

　（3）の「風邪をひいたんですから…」の「～んですから」という表現は，ある調査によると学習者たちは目上の聞き手に対して，丁寧に話そうとして「～んですから」を使っているという結果が出ている。学習者たちは丁寧に「です」をつけて話そうとするために，「んですから」になってしまっている可能性があり，逆に押しつけがましい不適切な表現となっている。したがって，このような誤用は意味が分かるからといって教師が注意しないでおくと，学習者は丁寧な言い方の1つとして理解し，上級レベル学習者になってもなかなか修正がきかず，ずっと誤用のままで使用し続け，ひいては化石化（誤用のままで習得が進まない状態）を招くことになる。

　このように誤用には重要な意義が隠れていると言える。したがって，日本語を教える側も「あ，○○さん，また間違った！　さっき，教えたのに困るなぁ。」と学習者の誤用を否定的に捉えるのでなく，その奥にある誤

用の意義を考えながら、「他の学生たちも同様の間違いをしているかな。」「なぜ、このような間違いをするのだろうか。」と常に考えながら、むしろ誤用から学ぶ姿勢で接することが大切である。

レベルの違いと誤用の種類

多くの学習者に接していると、誤用に関して、先に述べたこと以外にもいろいろなことに気づかされる。

（4）　わたし、食べるじゃないよ、さしみ　　　　（マレーシア、初級）
（5）　母語話者：それで、［好きだった先生は］どんな先生？
　　　　学習者：あの先生はね、高校ときの演劇の指導…（中国、中級）
（6）　ピクニックに行くなら、朝早いのほうがいいじゃない

（中国、上級）

（7）　〜びっくりました（→びっくりしました）、だから（→なぜなら）入野［地名］、小さい、でも広島、国際エアポート〜

（アメリカ、初級）

まず、レベルによって誤用の種類が異なっていることがある。（4）のような語順の間違いや「動詞ル形＋じゃない」という否定形の誤用は比較的初級レベルに多く現れる。しかし、（5）のようなア系指示詞の誤用は初級では現れず、中級以上に見られる。さらに、（6）のような格助詞「の」の誤用は初級から上級レベルまで幅広く観察され、誤用にもさまざまなタイプがあることが分かる。

初級レベルの日本語学習者の場合、作文資料のデータを量的に調べてみると、最も頻度の高い誤用は助詞の誤用であった。しかし、それは日本語を使用する場合に助詞の使用頻度も高いことに因る。したがって、割合で比べてみると、最も誤用率（誤用数/正用数＋誤用数）の高い品詞は助詞ではなく、（7）のような接続詞だった（長友・迫田1988）。つまり、接続詞は使われる頻度自体は少ないが、使われると多くの場合が誤用になってしまうというわけである。

いずれにしても、習い始めから一度も誤用を犯さないで上手になる学習

者はいない。これは，赤ちゃんが転びながら，いずれ二本の足で立って歩けるようになる過程と似ている。どんなときに，どのように転ぶのかを注意して観察することは，学習者が自分の足で立って歩くことを支援するわれわれの重要な情報となる。

そこで，以下，日本語の指示詞コ・ソ・アを例にとって，日本語学習者の誤用の変化，習得の過程を探ってみよう。

〈2〉日本語の指示詞コ・ソ・ア

指示詞コ・ソ・アとその用法

指示詞コソ・アというのは，「これ・それ・あれ」「ここ・そこ・あそこ」「こんな・そんな・あんな」などの一連の表現をまとめた指示詞体系のことを指し，この体系に「どれ・どこ・どんな」のド系が加わり，佐久間鼎によって「コソアド」と命名された。指示詞コ・ソ・アはほとんどの日本語教科書で入門期に取り上げられる文法項目である。「これは〜です」や「この人は〜さんです」などの「〜は…です」という基本文型に合致するため，かなり早い時期に導入される。しかし，この「これ・それ・あれ」などの指示詞は下の(8)(9)のように初級のみならず中級や上級レベルになっても誤用として現れ，学習者にとって習得が極めて困難であることが分かる。

(8) 母語話者：［わたしは］きのう，夜おそくまでテレビを見ていたのよ

学習者：これ（→それ）は趣味？　　　　　　（中国，中級）

(9) 沖縄から来た女の人は大きなオートバイ乗るんですよ，大きいですよ，オートバイが大きくて，あの（→その）女の子も大きい　　　　　　　　　　　　　　　　　　　　（韓国，上級）

早い時期に習うにもかかわらず，なぜ遅くまで誤用が現れるのか，学習者にとって難しいのはコ・ソ・アのどの指示詞なのか，レベルが上がるにつれて習得は進んでいるのか，これらの疑問を探ってみよう。

指示詞の習得状況を見ていく前に、まず指示詞に関する基本的な用法や領域について説明する。

指示詞の用法には、大きく分けて2つの用法がある。(10)のように、目の前にある物を直接に指して言うかそうでないかによって、現場指示用法と非現場指示用法に分かれる。さらに、非現場指示用法の中で、話の文脈に指示対象が示されており、それを指す場合(11)と文脈には指示対象が明示されておらず、話し手の頭（考え）の中にある対象を指す場合(12)がある。前者は文脈指示用法、後者は観念指示用法と呼ばれる。以上のことを図示すると、図1のようになる。

(10) （机の上の本を手に取って）この本、誰の本？
(11) 山田という人に会ったけど、その人、英語がとても上手でした。
(12) 田中君、例のあの件、どうなっているかね。

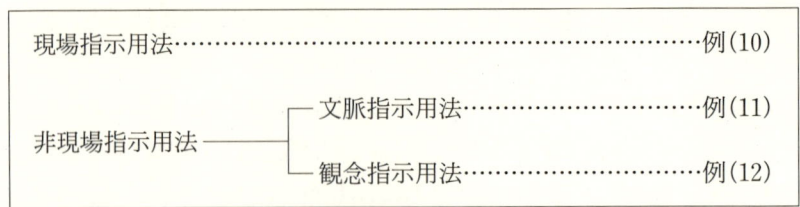

図1　日本語の指示詞の主な用法

教科書の中のコ・ソ・ア

図2は、『日本語初歩Ⅰ』の第1課の中に紹介されている「この人」「そ

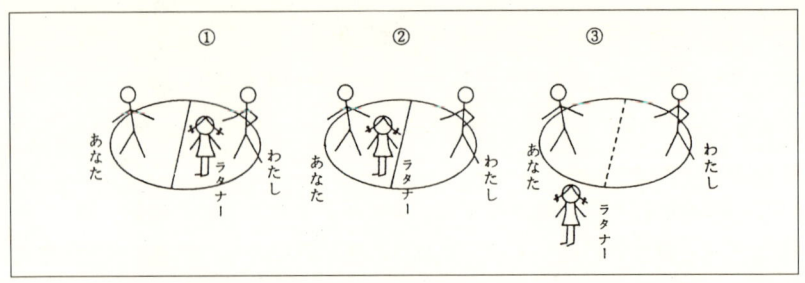

図2　教科書に提示された指示詞の領域（『日本語初歩Ⅰ』p.4）

の人」「あの人」の例である（ラタナーとは第3者の名前）。

　日本語の教科書で導入されるのは，多くの場合，現場指示用法だけである。眼前にある事物を使って「これ・それ・あれ」を話し手や聞き手の物理的距離だけで導入する。つまり，話し手の近いところの物はコ系（①），聞き手の方に近い場合はソ系（②），どちらからも遠い場合はア系を使う（③）。

　ところが，現場指示用法の導入だけでは，非現場指示用法のコ・ソ・アの使い分けはなかなか理解できず，(13)のような誤用を犯してしまう。

　　(13) a.　コ系の誤用　A：明日，試験があるらしいよ
　　　　　　　　　　　　B：*えーっ，これ（→それ），ほんとう？
　　　　 b.　ソ系の誤用　A：*それ（→これ），課長から聞いたんだけど，
　　　　　　　　　　　　　　近々人事異動の発表があるらしいよ
　　　　　　　　　　　　B：そうなんですか，僕，心配だなぁ
　　　　 c.　ア系の誤用　A：連休でハワイに行って来たよ
　　　　　　　　　　　　B：*あれ（→それ）はよかったですね，僕も
　　　　　　　　　　　　　　行ってみたいと思っているんですが

　(13a)のように，相手(A)の出した指示対象（試験があること）をよく知らない場合にはコ系・ア系は使えない。(13b)のように，後続の内容を指す場合は，ソ系・ア系は使えない。(13c)のように，相手(A)の出した指示対象（ハワイに行ったこと）を聞き手(B)も共通に体験していない場合にはア系は使えない。このように談話の中に使われるコ・ソ・アはさまざまな制約があり，学習者にとっては使い方が難しい項目であると言える。

〈3〉母語の違いと学習者のコ・ソ・ア

作文に現れるコ・ソ・ア

　では，実際に日本語学習者にはどのような誤用が見られるのだろうか。日本語の指示詞はコ・ソ・アという3つの体系を持っているが，他の言語の場合は必ずしも3つとは限らない。英語は this/that，中国語は這/那の

それぞれ2つの指示詞体系であり、韓国語は i/ku/cho の3つの指示詞体系である。これらの母語の学習者たちは果たして日本語の指示詞をどのように習得するのであろうか。

この点については、すでにいくつかの穴埋め調査（文章の（　）の中に適切な語を選択して記入させる調査）の研究などがあり、学習者にとってはソとアの使い分けが難しいという結論が出ている。それぞれの研究の調査対象は、いずれも韓国語話者、英語話者など、1つの母語の学習者に限られている。

韓国語話者を対象とした研究では、日本語のソとアにあたる韓国語の ku/cho の指示領域が異なるためにソとアの使い分けが難しいのだろうと考察している（申1985）。また、英語話者を対象とした研究では、日本語のソとアにあたる英語は that しかないため、ソとアの混同が起きたのであろうと考察している（新村1992）。いずれも、ソとアの混同には母語の指示詞体系が影響しているという分析であったが、果たしてそうなのだろうか。韓国語話者も英語話者も同じような誤用を産み出しているとしたら、母語の影響とは断定できないのではないだろうか。

次に掲げるのは、異なった母語を持つ学習者が書いた作文資料から指示詞の誤用を抜き出したものである。

(14)　友だちの家に遊びに行きました。あの（→その）友だちはフランス人です。　　　　　　　　　　　　　　（エクアドル、中級）
(15)　私の勉強は私の生まれた所で始めました、あそこ（→そこ）の後は、だんだん…。　　　　　　　　　　　（パキスタン、中級）

このように、ソとアの混同は英語話者や韓国語話者だけの問題ではなく、指示詞コ・ソ・アの誤用が母語の違いを超えて出現していることが分かる。そこで、実際のコミュニケーション場面においてもこのような誤用が出現するのかどうか、話しことばについて行われた調査をみてみよう。

対話に現れるコ・ソ・ア

入門期に習うコ・ソ・アが上級レベル学習者にも間違って使われること

に疑問を感じ，レベルが上がることによって指示詞の使い方は上達しているのか，どの指示詞が最も難しいのか，その困難点には母語の違いが影響しているのか，の3点を調べることを目的として行った研究がある（迫田1993）。

この研究では，まず，学習者のレベルを初級・中級・上級の3つに分けて，さらにそれぞれを，指示詞の体系が日本語と同様の三項対立（例：韓国語 i/ku/cho）の母語の学習者と，日本語と異なる二項対立（例：英語 this/that）の母語の学習者とに分け，表1のように分類した。

表1　22か国の学習者のグループ分け（計60名）

	二項対立指示体系群		三項対立指示体系群	
初級	アメリカ・中国・マレーシア他	10名	タイ・韓国・フィリピン他	10名
中級	アメリカ・イラン・フランス他	10名	韓国・ネパール・メキシコ他	10名
上級	インド・ドイツ・中国他	10名	タイ・韓国・スリランカ他	10名

対象の60人は，ほぼ初対面か授業で何度か接したことがあるだけの学習者たちで，親疎の差はあまりなかった。全員にコ・ソ・アの調査であることは告げず，統一のテーマとして「小・中学校時代の先生の思い出」を設定し，1時間の対話を収集した。そして，その内容を書き起こしてデータとし，会話中に使用されたコ・ソ・アの使い方を分析すると，いくつかの興味深い結果が出てきた。

まず，学習者は「レベルが上がるとともに指示詞の使い方は上達しているのか」という問題について，図3と図4を見てみよう。

図3から，初級では指示詞の使用が極めて少なく，中級から上級になると使用頻度が増加し，日本語話者に近くなっていることが分かる。また，

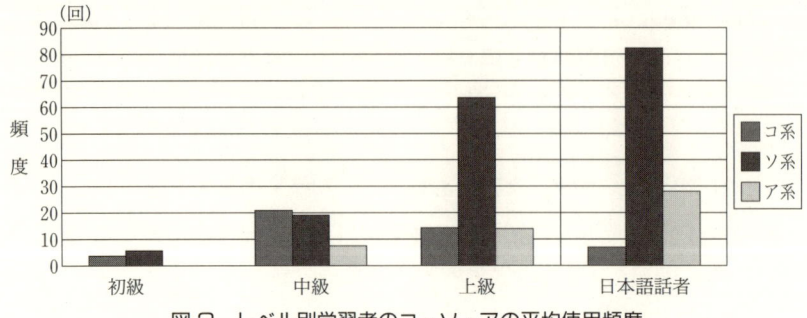

図3　レベル別学習者のコ・ソ・アの平均使用頻度

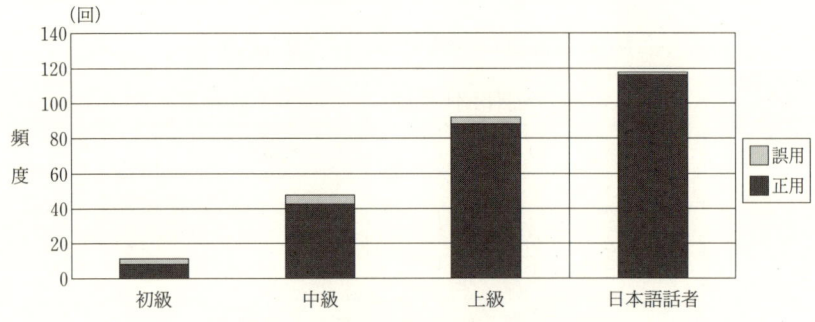

図4　レベル別学習者の正用と誤用の頻度

　図4では，中級から上級レベルで誤用数が若干減少し，使用が増えていることから，レベルが上がるとともに習得は進んでいることが分かる。しかし同時に，上級になっても誤用は出現することが分かる。では，母語の指示詞体系の違いによって，コ・ソ・アの使用に違いがあるのだろうか。

　図5を見ると，二項対立の母語話者と三項対立の母語話者の間には正用の頻度には差があるが，誤用にはあまり差が見られないことが分かる。さらに，上級レベルの学習者に限って見ると，図6のように指示詞の割合としては圧倒的にア系の誤用が多く，その割合は二項対立の母語話者と三項対立の母語話者との間であまり差が見られない。

　ア系指示詞の誤用とはどのような誤用なのだろうか。データの中からその誤用例を探してみるといずれもソ系との混同，つまりソを使うべき場合にアを使っていることが分かる。

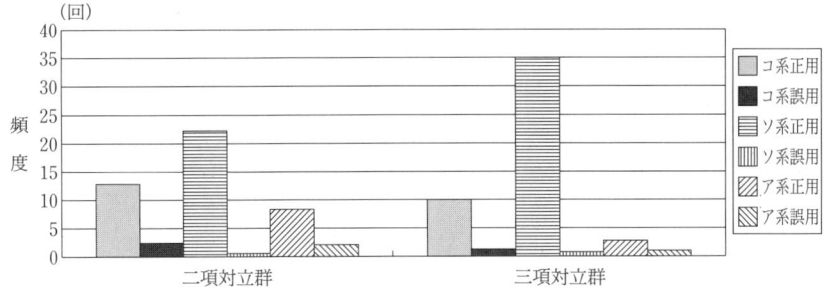

図5　学習者の母語の指示詞体系別の正用と誤用の頻度

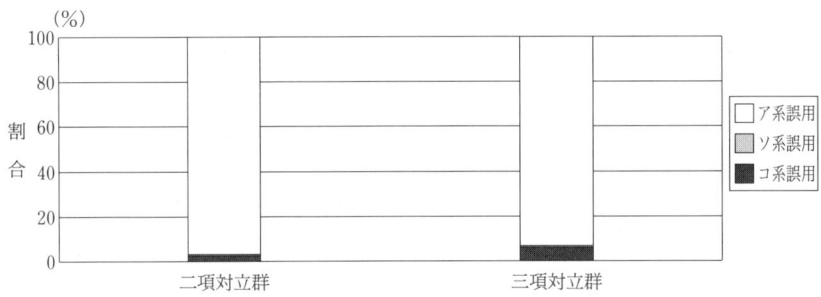

図6　上級レベル学習者の誤用の割合

(16) もしチェスを見たいだったら，<u>あの</u>（→その）まわりに集まって…　　　　　　　　　　　　　　　　（二項対立群：イラン）

(17) 私が知っているアメリカ人との話をしてね，<u>あの</u>（→その）人日本語を聞くのはできますけど，…　　　（三項対立群：韓国）

　これらの結果から，話しことばの指示詞の誤用にもソとアの混同，それもソ系指示詞を使うべき場合にア系指示詞を使用する誤用が多いことが分かり，ソとアの使い分けには母語の指示詞の体系が影響しているとは言えないことが明らかになった。ソとアの混同が学習困難点であることは，先行研究でもすでに明らかになっていたが，ソをアにする誤用は多くてもアをソにする誤用はほとんど見られないこと，アの誤用が特定の母語の学習者の誤用ではないことがこの調査によって分かったといえる。では，指示詞の習得はどのような発達過程を経るのだろうか。

3年間のコ・ソ・アの発達

先の研究は、22か国の学習者60人への対話調査であったが、頻度や割合などの数値だけでは見えてこない指示詞の具体的な発達過程を調べた研究がある（迫田1998）。その研究では、異なった母語の学習者3名ずつの2組の学習者で3年間かけて対話調査を行っている（表2参照）。

表2　学習者の概要

学習者	韓国語話者 3名（A・B・C）	中国語話者 3名（D・E・F）
年齢	平均20歳	平均22歳
学習歴	なし	なし
学習目的	大学進学	大学進学

調査の方法は、日本語学習開始から3～4か月を経過した時点から、約4か月に1回の割合（第一期と第二期の間は8か月）で自由会話のインタビューを行っている。全8期の調査では、学習者によって話題が偏らないように毎回全学習者共通の話題を設定し、1時間の対話調査の発話資料を収集した。その結果を分析し、指示詞の発達過程を調べた。すると、指示詞の出現におもしろい結果が見られた。表3は、第1期から第5期までの指示詞の出現を文脈指示用法の場合は〇で、観念指示用法の場合は●で示したものである。＊は誤用が含まれている場合、—は未調査を示す。

左端は調査の時期、つまり第何期かを示し、その隣のアルファベットは学習者を示している。それを見ると、最初に現れるのは文脈指示用法であり、観念指示用法は出現が遅いことが分かる。さらに、文脈指示用法のソ系が出現すると、すでに必ずコ系が出現している。また、ア系文脈指示用法が出現しているときにはソ系やコ系が出現していることが分かる。これをさらに分かりやすく整理してみると、表4のようになる。

表3　韓国語話者と中国語話者のコ・ソ・アの使用状況

時期	学習者	文脈指示用法 コ	ソ	ア	観念指示用法 コ	ソ	ア	時期	学習者	文脈指示方法 コ	ソ	ア	観念指示用法 コ	ソ	ア
1期	A	○*						1期	D	○*	○*				
	B	○*	○*						E	○*					
	C	○*	○*						F	○*	○*	○*			
2期	A	○*	○*					2期	D	○*	○*	○*			
	B	○*	○*	○*					E	—	—	—	—	—	—
	C	○*	○*	○*					F	○*	○*	○*			●*
3期	A	○*	○*	○*				3期	D	○*	○*	○*			
	B	○	○*	○*			●*		E	○	○*	○*			
	C	○*	○*	○*			●*		F	○	○*	○*			●*
4期	A	○	○*	○*				4期	D	○	○*	○*			
	B	○	○*	○*			●		E	○	○*	○*			
	C	○*	○*	○*					F	○	○*	○*			●*
5期	A	○	○	○			●*	5期	D	○	○*	○*			
	B	○	○	○*			●		E	○	○*	○*			
	C	○	○*	○*			●*		F	○*	○*	○*			●*

表4　韓国語話者と中国語話者の用法別の出現の時期

	学習者\時期	1期	2期	3期	4期	5期
韓国	A	コ文脈→	ソ文脈→	ア文脈→		ア観念→
	B	コ・ソ文脈→	ア文脈→	ア観念→		
	C	コ・ソ文脈→	ア文脈→	ア観念→		
中国	D	コ・ソ文脈→	ア文脈→			
	E	コ文脈→	—	ソ文脈→	ア文脈→	
	F	コ・ソ・ア文脈→	ア観念→			

「コ文脈→」は，その時期にコ系指示詞の文脈指示用法が出現し，その時期以降，ほぼずっとその学習者の発話に出現していることを表す。

表4の結果から，2つの母語の学習者にはコ・ソ・アに関して，(18)のような共通の出現順序が見られることが分かった。（A≧BはAとBが同時期かAがBより早く出現し，A>BはAがBより早く出現することを表す。）

(18) 【日本語学習者の指示詞コ・ソ・アの出現順序】
　　　コ系文脈 ≧ ソ系文脈 ＞ ア系文脈 ＞ ア系観念

では，誤用の内容はどのように変化していったのであろうか。

図7は，第1期と第2期を合わせた学習者の誤用の内訳である。ソ→コは，ソ系指示詞を使うべきところにコ系を使用した誤りのことを表す。

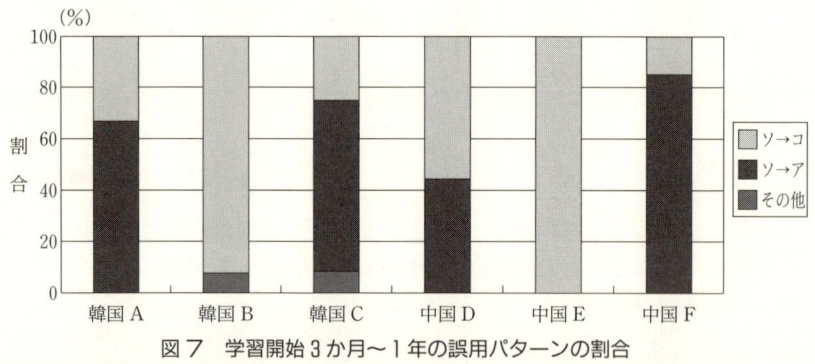

図7　学習開始3か月～1年の誤用パターンの割合

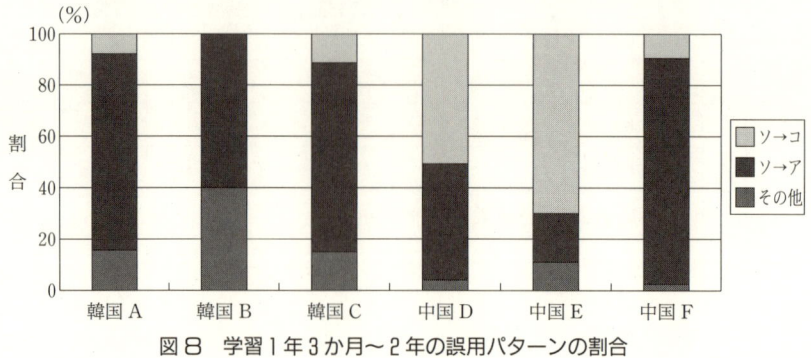

図8　学習1年3か月～2年の誤用パターンの割合

これを見ると，ソ系を使うべきところにコ系，ア系を使用した誤りがほとんどであり，特にソ→コの誤用が多い。

ところが，第3期～第5期を合わせると，図8のようになる。

さらに，最後の学習2年3か月～3年までの時期になると，図9のように最初の時期の誤用のパターンとはかなり変化していることが分かる。（韓国語話者Bには，誤用が出現しなかった。）

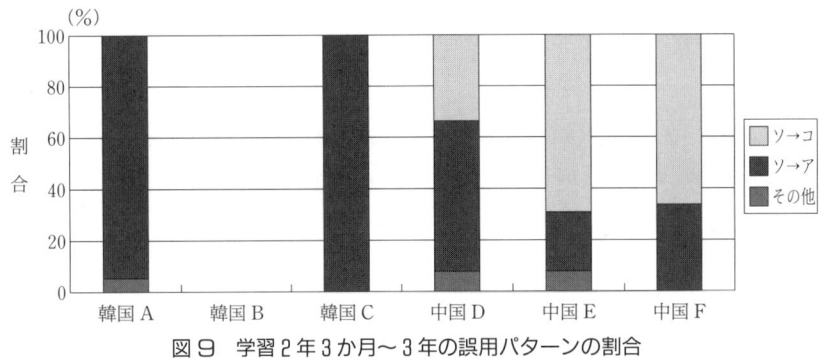

図9　学習2年3か月～3年の誤用パターンの割合

つまり，学習開始の1年目までは，ソ→コの誤用，つまりソ系指示詞を使うべき場合にコ系を用いてしまう誤用が多い。しかし，学習が進んでくると，全ての学習者にソ→アの誤用，つまりソ系指示詞を使うべき場合にア系指示詞を使用する誤用が多くなる。そして，学習3年を経ても，誤用がまったく見られなくなった1名(B)以外の全ての学習者に見られるのは，ソ→アの誤用であり，韓国語話者にも中国語話者にも習得が困難であることが明らかになった。

では，ソ→アの誤用とはどのようなものか，次の例を見てほしい。

(19)　　母語話者：結婚適齢期って何歳ぐらい？
　　　　　学習者：もし大学へ入れない［入っていない人の場合］，<u>あんな</u>（→そんな）人は多分ちょっと早いと思います

（中国語話者Dの第3期の誤用）

このパターンの誤用は，先の22か国60人の調査でも観察され，学習困難とされたものであった。このように，3年間の縦断的研究の結果から，学習者の指示詞の使用には母語の違いにかかわらず共通の出現順序と共通の学習困難点があることが分かった。これは，何を意味するのだろうか。これまでの多くの誤用分析の研究では，学習困難点は母語からの影響だろうと考えられていたが，指示詞に関する2つの調査を見れば，ある特定（ソ系指示詞を使うべき場合にア系を使用する誤用：ソ→ア）の誤用に関しては，母語の影響だけでは片づけられないことが分かる。つまり，学習者はそれぞれの母語に関係なく，学習者独自の指示詞の使い方をしており，彼らは彼らの文法体系を持っているのではないかということが推測される。

指示詞コ・ソ・アに関して，なぜ学習者は共通にソとすべき場合にアを使用するのだろうか。そして，なぜそれは習得が困難なのであろうか。この点を次の節でさらに追究する。

〈4〉学習者独自のコ・ソ・アの文法

学習者にはないコ・ソ・アの観点

3年間の縦断的研究を経て分かったことは，母語の違いにかかわらずコ・ソ・アの出現のプロセスは同じであったこと，最も習得が困難な誤用はソ系指示詞を用いるべき場合にア系を使用してしまう誤用であり，3年間の日本語学習を経ても誤用が消滅せず，母語の違いは影響していないことなどであった。

では，なぜソをアにしてしまうのだろうか。学習者の誤用の頻度を数えても，それを割合にしてみても，それらは現状を数値化，あるいは相対化するだけで，誤用の原因の謎を解明することにはならなかった。そこで，使用された指示詞の形態を時期ごとに整理してみることにした。つまり，各指示詞系列の中をさらに「この」「これ」「こんな」などの形態に分類し，どの形態の語が使用されたのかを調べたのである。表5は韓国語話者と中国語話者1名ずつの学習1年までの3回の調査に出現したコ・ソ・アの形

表5　韓国語話者Ａと中国語話者Ｄの学習1年目までの指示詞の出現形態

	韓国語話者Ａの場合			中国語話者Ｄの場合		
	1期	2期	3期	1期	2期	3期
コ系	コノ	コレ	コノ・コンナ コレ	コノ・コンナ コレ	コノ・コンナ コレ	コノ・コンナ コレ
ソ系		ソノ	ソノ・ソンナ ソウ ソレ・ソコ	ソンナ ソウ	ソノ・ソンナ ソウ	ソンナ ソウ ソレ
ア系		アノ	アノ	アノ	アノ	アノ・アンナ

態を示したものである。

　これを見ると，コ系指示詞では「これ」が使用されているにもかかわらず，ソ系やア系で「それ」や「あれ」は使用されていないこと，ア系では「あの」の形態のみが続いて，ア系のバリエーションがほとんど出現しないことなどが分かる。このことは，学習者は「これ」を使う時期に「それ」や「あれ」を使えるとは限らない可能性があることを示唆している。

　つまり，「これ」が使えるからといって学習者が「それ」「あれ」を使えるはずだと考えるのはおかしいのではないか。言い換えれば「これ・それ・あれ」の使い分けを調べようとするのは調査する研究者の一方的な考え方ではないか，という疑問がわく。初期において，ア系の形態では「あの」のみが出現し，多用されるという事実は，学習者には必ずしも「この」や「その」に対応して「あの」が使用されているとは限らず，コ・ソ・アの使い分けという観点そのものがないのではないか，ということが考えられた。学習者は「この～」「その～」「あの～」をそれぞれ単独の語として認識しているのではないか，という推測が生まれたのである。

表6　名詞に接続するソ系とア系の指示詞一覧（韓国語話者A）

時期＼名詞	1	2	3	4	5	6	7	8
人		<u>アノ</u>	アノ	アノ:<u>ソノ</u>	アノ:<u>ソノ:ソンナ</u>	アノ:<u>ソノ</u>:ソンナ	アノ:<u>ソノ</u>:ソンナ	アノ:<u>アンナ</u>
先生・学生				アノ		アノ	アノ	
女・男			アノ	アノ				
学校・大学				アノ	<u>アノ</u>		ソノ	
店・会社					アノ		アノ	アンナ:ソノ
こと			<u>ソノ</u>:ソンナ	ソノ:ソンナ	<u>ソンナ</u>	ソンナ:アンナ	ソンナ	ソンナ
気・気持ち			ソンナ	ソノ:ソンナ	ソノ:ソンナ	ソンナ	ソンナ	
感じ				ソンナ	ソンナ	ソンナ		
話・考え			ソンナ	<u>ソンナ</u>	ソンナ	アノ		ソンナ

学習者独自のソとアの使い分け

　日本語学習者のコ・ソ・アの使用から，コ系の場合は「これ」が多用され，ア系の場合は「あの」が多用されるということ，なぜ「これ」が出ているのに「あれ」が出ていないのかということから，学習者自身が必ずしもコ・ソ・アを使い分けているとは限らないという推測が出てきた。したがって，ソとアの誤用の原因もソとアの指示詞の使い分けに問題があるとは限らないのではないかと考えられる。そこで，縦断的研究の学習者が使用したソとアの文脈，単語をリストアップし，6人全員のものを比較した結果，名詞と結びついた指示詞の使い方に特定のルールがあることに気づいた。表6は，ある1名の韓国語話者（A）がある名詞と結びついた場合に選択した指示詞のリストである。（下線は誤用が含まれていることを表し，2つ以上の形態が出現した場合の発話例は：で併記してある。）

表6を見て気づくことは，まず，二重線上部にはア系指示詞「あの」が多いのに対し，下部にはソ系指示詞「そんな」「その」が多いことではないだろうか。そして，ア系指示詞の多くは下線，つまり誤用が多く，ソ系指示詞にはあまり下線がない，つまり誤用が少ないことが分かる。この傾向は韓国語話者Aだけではなく，他の5名の学習者にも同様の現象が見られた。

　では，彼らの中でのソとアの使い分けは，一体何にもとづいているのだろうか。ここで，名詞の種類ということに注目して上部と下部を比べてみよう。すると，上部に多く使われているのは「人・先生・学校」といった日常生活にかかわる具体的な名詞であるのに対し，他方，下部に多く使われているのは「こと・気持ち・感じ」といった抽象的な名詞であると言えないだろうか。とすると，彼らの中でのソとアの使い分けは，使い分けの基準として一般的に考えられている「自分の領域」とか「聞き手の領域」とかに因るのではなく，また，「共有情報・知識や共通の体験があるかないか」で行われているのではなく，接続する名詞に影響されている可能性が考えられる。つまり，「人・先生」などの具体名詞にはア系指示詞が選択され，「こと・感じ」などの抽象名詞にはソ系指示詞が選択されるのではないか，という推測である。この推測は果たして正しいのだろうか。

日本語学習者の中間言語

　次に，この推測を仮説として実験を行った。つまり，あるレベルの日本語学習者は，(20)のようなユニットを形成しているという仮説をたて，その検証を試みた。

　　(20)　【ソとアのユニット形成】
　　　　　ソ系指示詞＋抽象名詞（「こと」「感じ」など）　例：そんなこと
　　　　　ア系指示詞＋具体名詞（「人」「先生」など）　例：あの人

中級レベルの日本語学習者で韓国語話者と中国語話者20名ずつに抽象名詞10語，具体名詞10語を選択し，それらを含んだ会話文を作り，その接続にソとアのどちらを選択するかを調査した。図10はその結果である。

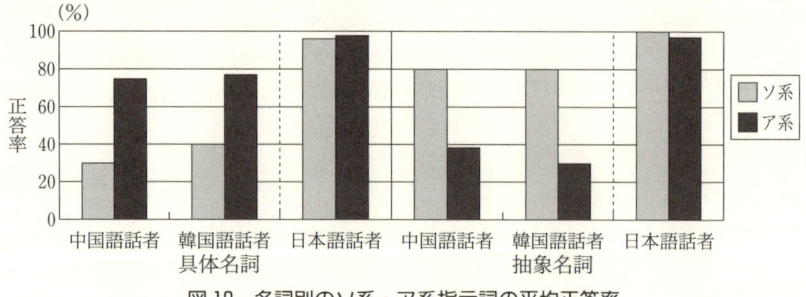

図10　名詞別のソ系・ア系指示詞の平均正答率

　図10のグラフを見ると，比較のために調査した日本語話者は名詞の種類に関係なく，本来の指示詞の使い分けで指示詞を選択し，100％に近い正答率を出している。しかし，中国語話者も韓国語話者も具体名詞の場合にはア系指示詞の正答数が高く，抽象名詞の場合にはソ系指示詞の正答率が高くなっている。具体名詞のソ系指示詞の正答率，抽象名詞のア系指示詞の正答率が低いのは，具体名詞にはア系を，抽象名詞にはソ系を選んでいるため，結果的に正答率が低くなっていると考えられる。
　このことから，日本語学習者において名詞の種類が指示詞の選択に影響していることが分かった。つまり，指示詞に関して次のことが明らかになったわけである。

(21) a. 日本語学習者と日本語母語話者の指示詞の使い分けは異なっている。
　　 b. ソ系をア系にする誤用は，母語の違いにかかわらず共通に出現する。
　　 c. ソ系かア系かの選択には，接続する名詞の種類が影響している。

　これらは何を意味するのだろうか。学習者は母語話者とは違う何らかの文法の選択基準を持っていること，それは学習者の母語に関係なく学習者共通に見られる選択基準である可能性が高いということである。そして，それは言いかえると「学習者自身の選択ルール」があるということではな

いだろうか。

　今から 30 年前，アメリカの言語学者セリンカーは，すでに母語の違う学習者から同種の誤用を観察し，それらが母語の影響では説明できないこと，学習者は学習者の文法体系を持っていることを発表した（Selinker 1972）。それが，母語でもない，目標言語でもない，学習者独自の言語体系である「中間言語」と呼ばれるものであった。第二言語学習者はその習得過程のその時その時において，彼らなりの目標言語に関する規則を持っている。それが目標言語と一致するときは正用となるが，それが目標言語の文法と異なっているときは，体系的な誤用となって表れると考えた。それまで，学習者の誤用は母語の影響が原因だと考えられていたため，セリンカーの考えは大きな反響を呼び，英語やドイツ語などの西欧諸語の習得を中心に研究が進められた。

　これまで見てきたように，日本語学習者の指示詞コ・ソ・アの発達過程にも学習者共通の傾向が存在した。つまり，母語の異なった学習者に共に見られたソ系とア系の誤用は母語の影響とは限らないことが分かった。さらに，ソ系とア系の選択ルールは，日本語母語話者とは異なっており，接続する名詞に影響を受けることが分かった。これは，日本語のコ・ソ・アの中間言語を形成する「学習者独自の文法」と言えるのではないだろうか。

　　　　　　　　　　　　　　　　　　　　　　　　　（迫田久美子）

第2章

学習者の文法処理方法

学習者は近くを見て処理をする

　第1章では日本語学習者は指示詞の習得に関して，彼ら自身の文法規則によってコ・ソ・アを選択していることが分かった。このような学習者の言語の使い方，つまり中間言語は，目標言語から見れば正用も誤用も含まれており，目標言語とも学習者の母語とも違った体系を示している。第二言語の習得過程とは，この中間言語が変化していく過程であると言える。

　第1章では，この学習者自身の言語体系を作り上げる方法の1つとして，ソ系とア系指示詞の使い分けの際に，ユニット形成という言語処理の方法を見た。この章では，その方法が指示詞コ・ソ・アだけに見られる現象でなく，他の日本語の文法項目にも観察されることを，格助詞「に」と「で」の使い分けを用いて検証する。

　また，学習者の独自の文法は，ユニット形成だけでなく，さまざまなタイプの言語処理のストラテジーによって作られている。そこで，否定表現の「じゃない」を取り上げ，新たな言語処理の方法として，付加のストラテジーについても解説する。

　「ユニット形成」や「付加」は，学習者がある文法項目を習得する際に，その文法項目の近くの語に注目して言語処理をしようとするストラテジーである。このような学習者独自の言語処理のストラテジーが存在することは，日本語学習者が教師から教えられるような方法で習得してはいないことを暗示する。つまり，教師のインプットと学習者の運用上の文法が一致

しているとは限らないこと，教師とは異なった学習者の視点を教えてくれるのである。

〈1〉ユニット形成のストラテジー

教師の目と学習者の目

　日本語学習者にもいろいろなタイプがある。大学入学を目指して日本語学校で勉強している学習者，大学に入ってさらに勉強を続けている学習者，日本人の配偶者や外国人就労者などで地域の公民館や国際交流センターなどでボランティア日本語教師に指導を受けている学習者，日本の小学校や中学校で特別に日本語の補習授業を受けている学習者などとさまざまである。彼らのほとんどは何らかの形で日本語指導を受けているわけだが，彼らの教師の多くは「導入した」「練習した」という教師側の目で学習者を見ているのではないだろうか。教師は「導入し，練習した」内容がきちんと学習者の中に理解されていないことに気づくと，「あ，練習させる量が足りなかった」と反省するが，これは練習不足だけの問題であろうか。そもそも学習者の知識の取り入れ方が違っている場合もある。例えば，次のような文はなぜ産出されるのであろうか。

　　（1）　本が机の上<u>です</u>。　　　　　　　　（インドネシア，初級）
　　（2）　信じられなかったん<u>でした</u>。　　（オーストラリア，中級）

　（1）の場合は「あります」と「です」を取り違えた誤用であるが，「私は学生です。」の「〜は…です」構文で，学習者が 'I am a student.' と考え，〈です＝am＝be動詞〉として，一般化してしまったのではないかと考えられる。

　（2）の場合は過去形を最後の「です」にまで一致させて「でした」にしてしまった誤用と言える。これも，（1）の誤用と同様，教師がこのような例文をまったく示していないにもかかわらず，学習者自身が何らかのヒントを得て，文法を作り出している例である。そして，教師は学習者の誤用を発見して，自分の意図とは違う学習者の文法の把握の仕方に驚かされる。

（3）　先生，どこ，住んでいますですか？　　　　　（アメリカ，初級）
　（3）の学習者は，初級レベルの英語圏の学生の発話である。「ます」と「です」がうまく整理されておらず，ほとんどの文末形式が「です」または「ですか」となっており，動詞の疑問形の場合は，「〜ます＋ですか？」（例：見ますですか，知っていますですか）という形式になっている。この学習者は，「ですか？」を疑問の終助詞と考えていると思われる。
　これらの例は，学習者がそれぞれの手がかりから間違った文法規則を立てていることの現れであり，教師の教えた内容とはかなり異なったものである。つまり，教師は教えたことがある程度教えた通りに入っていると思っており，できないのはそれを忘れているからだと考えやすい。確かに忘れてしまう場合も多いが，学習者自身が自分たちの覚えやすいように，使いやすいように自分たちの文法を作り上げているとは言えないだろうか。
　第1章の調査や先の例で見たように，学習者は教師が教えたように学んでいるとは限らない。ある調査で，形態素の習得順序の研究が行われ，「います・あります」「動詞＋ます・ません」「名詞・形容詞＋です」などの形態素の習得はどれが早いのかということをインタビュー・テストの成績によって調査したところ，次のような結果となった（Banno and Komori 1989，例は教科書にもとづいて筆者加筆）。
　（4）　会話調査による習得順序の結果
　　　　　　　　　　［*A Course in Modern Japanese* Vol. 1 の出現課］
　　　　1．V base　　例：読み（たい）・食べ（たい）　　　［第7課］
　　　　2．V-masu　　例：読みます・食べます　　　　　　　［第1課］
　　　　3．A-desu　　例：元気です・たいへんです　　　　　［第3課］
　　　　4．V root　　例：読む（と思う）・食べる（と思う）［第9課］
　　　　（以下，16項目まで続く）
　この結果によって，学習者が習得していく順序は，教科書で教えられた順序とは異なっていることが分かる。このような例からも，学習者は教師が教える方法とは異なった方法，つまり学習者自身の方法でことばを学び取っている可能性が高いと言える。

ユニット形成のストラテジー

　第1章で見たように，教師が教えるコ・ソ・アの使い方とは別に，学習者は指示詞を使用する際に（5）に示すような独自の言語処理をする方法があった。
　（5）【ソとアのユニット形成】
　　　　　ソ系指示詞＋抽象名詞（「こと」「感じ」など）　例：そんなこと
　　　　　ア系指示詞＋具体名詞（「人」「先生」など）　　例：あの人

　つまり，学習者は後に「こと」「感じ」などの抽象的な名詞が来たら「その・そんな」などのソ系の指示詞を選択しやすく，「そのこと・そんな感じ」として使う。また，後に「人」「先生」などの具体的な名詞が来たら「あの・あんな」などのア系の指示詞が選択されやすく，「あの人・あんな先生」として使われる。

　このように，学習者はある語の習得に関して，その語が置かれている前後の語を手がかりとして，しばしば1つの固まり（ユニット）を形成して習得しようとする方法を使う。このような言語処理の方法を「ユニット形成のストラテジー」と呼ぶことにする。コ・ソ・アの場合は，指示詞＋名詞という形であったが，ユニット形成のストラテジーが必ずしも名詞とのみ起こるわけではない。コ・ソ・アと名詞以外のいろいろな言語現象にもこのストラテジーの可能性が考えられる。（6）にその可能性を示す学習者の誤用を挙げる。

　（6）a．早く帰った<u>のほうがいい</u>です。（の＋ほうがいい）
　　　　　　　　　　　　　　　　　　　　　　　　（インドネシア，中級）
　　　　b．本当におもしろかった<u>だと思います</u>。（だ＋と思います）
　　　　　　　　　　　　　　　　　　　　　　　　（中国，中級）
　　　　c．熱が37度<u>がありました</u>。（が＋ある）　　（中国，初級）

　いずれも，それぞれ「こっちのほうがいい」，「元気だと思います」，「机の上に本があります」のような「名詞＋の＋ほうがいい」，「名詞・ナ形容詞＋だ＋と思います」，「名詞＋が＋あります」の正用文に影響されて，「のほうがいい」「だと思う」「があります」などのようなユニットを形成

して使ってしまうのだと思われる。

　場所を表す「に」と「で」の助詞の誤用も，このユニット形成のストラテジーが影響している可能性がある。次の節で，この課題について調査した結果（迫田 2001 a）を紹介しよう。

〈2〉場所を表す「に」と「で」のユニット形成

|学習者の「に」と「で」の誤用|

　場所を表す「に」と「で」の使い分けは，学習者にとってなかなか習得しにくく，（7）のように多くの誤用例が報告されており，これまでの研究では（8）のような点が報告されている（久保田 1994，福間 1997）。

（7）a．食堂に（→で）ごはんを食べます。
　　　b．横浜で（→へ）遊びに行きました。
　　　c．いま，私は留学生会館で（→に）住んでいます。
（8）a．「に→で」（「に」とすべき場合に「で」とする），「で→に」（「で」とすべき場合に「に」とする），共に誤用が頻出する。
　　　b．学習前半（0～3か月）では「に→で」，後半（4～6か月）では「で→に」の誤用が多い。

　しかし，これらの誤用がなぜ起きるのか，明解な根拠の提示はなされていない。第1章で紹介した3年間の縦断研究の日本語学習者である韓国語話者3名と中国語話者3名の発話データにも（9）のような「に」と「で」の誤用が見られる。

（9）a．○○さんの方は，田舎で（→に）20年間，私は都会で（→に）20年間いると（性格が）違うですよ
　　　　　　　　　　　　　　　　　　　　　　（韓国語話者，学習8か月）
　　　b．（高校の時の先生は）学校，大学，出って，すぐ，学校で（→に）勤めて…　　　　　　　（中国語話者，学習8か月）
　　　c．〜デート，んー，さそう，電話の中に（→で）言います
　　　　　　　　　　　　　　　　　　　　　　（中国語話者，学習8か月）

d.　家で（→に），カラオケ，機械，あったよ

　　　　　　　　　　　　　　　　　　（中国語話者，学習2年4か月）
　　　e.　映画館，美術館，何もかも全部，日本とか他の国，地方で
　　　　（→に）ありますよね　　　　（韓国語話者，学習2年8か月）

　これらの誤用をユニット形成の考え方で整理し，「に」と「で」の使われ方に何らかの特徴があるかどうかを検討する。表1は，先行文献の発話資料における「に」と「で」を含んだ名詞句の出現の有無およびその正用・誤用を名詞別に表したものである。データは，先行文献の正用・誤用例を収集し，接続している名詞で分類した。A～Dは先行文献の出典（A：寺村1990，B：福間1997，C：市川1997，D：迫田1998）を表し，○は正用例，●は誤用例，―は誤用例がなかった，あるいは出現しなかったことを表す。[　　]は筆者による補足を示す。また，誤用部分は下線に統一した。

　表1から，学習者の母語の違いにかかわらず，「に」と「で」の誤用例に関して，ある傾向が観察される。つまり，「に」「で」の前に来る名詞が位置を示す名詞（うしろ・中・前）か地名や建物を示す名詞（食堂・大学）かで違いがあり，前者には「に」が選択されやすく，後者には「で」が選択されやすいことが分かる。

　この調査の結果から，学習者が無意識に(10)のような文法を形成していることが考えられる。

　(10)　【「に」と「で」のユニット形成】
　　　　　位置を示す名詞（中・前など）＋「に」
　　　　　　例：門の前に（→で）話をしました。
　　　　　地名や建物を示す名詞（東京・食堂など）＋「で」
　　　　　　例：東京で（→に）住んでいます。

　そこで，次にこのユニット形成のストラテジーが一部の学習者だけでなく，一般の学習者にも見られるかを実験調査によって調べてみた。

表1 「に」と「で」の正用・誤用の出現

助詞	句	先行文献 A	B	C	D	誤用例
に	うしろに	—	●	—	○	テレビのうしろにまどです。
	となりに	—	●	—	—	わたしのへやのとなりにピーターさんのへやです。
	中に	●	●	●	●○	私達の旅行の地方のなかにこの町は見どころである。　　　　　　　　（香港）
	前に	●	—	●	—	たばこ屋の前に会うように言って下さい。　　　　　　　　　　　　（アメリカ）
	〈地名〉に	●	●	—	○	ネパールには今も90％の人口は農業〜。
	田舎に	—	—	—	—	
	食堂に	—	—	—	—	
	大学に	●	—	—	●○	大学に試験をうけておどり［おち］ました。　　　　　　　　　　　（韓国）
で	うしろで	—	—	—	—	
	となりで	—	●	—	—	私は日本人のとなりですわっていました。
	中で	●	—	—	○	部屋の中で，こたつとベッドがあります。　　　　　　　　　　　　（インド）
	前で	—	—	—	—	
	〈地名〉で	●	●	●	●	東京で住んでいます。　　　　（中国）
	田舎で	—	—	●	●	タイでは病院があるんで［です］けど，いなかであまりありません。（タイ）
	食堂で	—	—	●	○	食堂でごはんを食べに行きます。（タイ）
	大学で	●	●	●	—	今，大学で友達がたくさんいます。

「に」と「で」のユニット形成

　「に」と「で」の使い分けが前に接続する名詞と関係あるかどうかを検証するため，新たに学習者を選択して調査を行った。学習者は，大学および日本語学校の留学生であり，所属クラスや日本語能力試験認定基準などから判断して，ほぼ中級レベルの学習者である。学習期間，年齢，滞日年数および人数などは表2に示す通りである。「その他」の学習者の国籍は，アメリカ，オーストラリア，タイ，シンガポール，インドネシアなど13か国である。

表2　調査の対象

対象者	平均学習年数	平均滞日年数	年齢	男/女	人数
中国語話者	1.49	1.26	20〜40	7/13	20
韓国語話者	1.46	1.38	20〜40	6/14	20
その他	1.66	1.45	20〜40	6/14	20
日本語話者	—	—	20〜50	3/17	20

　調査には，格助詞「に・で・を・と」の四肢選択形式の穴埋め問題（ダミーを含む49問）を使用した。問題の一部を(11)に示す。（実際の問題文では，名詞部分は太字ではない。）

(11) a.　つくえの**上**（ に ）おいてあるりんご（ を ）もらってもいい？
　　　　　　　　　　　　　　　　　　　　　　　（「位置〜＋に」の問題例）
　　 b.　れいぞうこの**中**（ で ）きのう買ったパンがかたくなっている。
　　　　　　　　　　　　　　　　　　　　　　　（「位置〜＋で」の問題例）
　　 c.　**学生会館**（ に ）アメリカからの留学生が10人とまりました。
　　　　　　　　　　　　　　　　　　　　　　　（「地名〜＋に」の問題例）
　　 d.　金さんは12才から**東京**（ で ）育ったので日本語が上手です。
　　　　　　　　　　　　　　　　　　　　　　　（「地名〜＋で」の問題例）

「に」と「で」の選択率を表したものが，図1である。統計処理（母語，「に」と「で」，接続する名詞の種類の3要因の分散分析）を行った結果，母語の違いによる差はほとんど見られなかった。したがって，場所を表す助詞「に」と「で」の使い分けには母語の影響はないと考えられる。

次に，接続する名詞との組み合わせを要因として設定し，その検証を行った。その結果，「に」と「で」は名詞の種類で差があり，指示詞コ・ソ・アと同様に名詞とのユニットを形成しており，隣接する名詞によって選択される可能性が認められた。

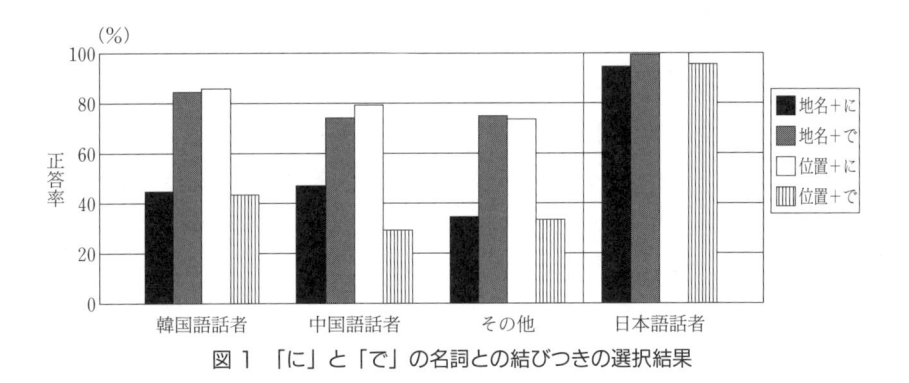

図1　「に」と「で」の名詞との結びつきの選択結果

つまり，「に」と「で」の使い分けが困難な理由として，日本語学習者がコ・ソ・アと同様，ユニット形成のストラテジーをとっている可能性があることが分かった。すなわち，学習者は近くの語である前の名詞に着目し，「位置を示す名詞（例：中，前）＋に」や「地名や建物を示す名詞（例：東京，食堂）＋で」のユニットを形成し，後続の動詞に関係なく助詞を選択するというルールを作り上げていると考えられる。

英語習得のユニット形成

ユニットを作るのは，日本語学習者だけの方法ではなく，他の言語学習者にも見られる。例えば，英語学習者の冠詞 'a' と 'the' の使い分けにも，後続の名詞の特徴が関係していることが報告されており（Huebner 1979），

三人称単数現在の 's' の使い方も, 代名詞の後に使われる (例：He/She＋動詞-s；'He likes reading books.') ほうが, 固有名詞の後に使われる (例：John/Mary＋動詞-s；'John likes reading books.') よりも正答率が高いという結果が出ている (Ellis 1988)。つまり, 'He/She 〜s' という固まり (ユニット) で処理されている可能性が考えられる。

また, ある学校の英語のテストでは, (12)のような問題が出されたが, ほとんどの生徒がある特定の動詞句を入れてしまうという結果が出た。何という語句だか分かるだろうか？

(12) Do you ＿＿＿＿ the music out there? They are having a party or something.

生徒たちは後の the music という名詞から 'listen to' という動詞句を自動的に入れてしまい, hear が導きだせず, ほとんど不正解となったという結果が報告されている (田中 1994)。また, ある生徒は 'be able to' を固まりで覚えて, 'I am be able to swim.' のような英文を作ってしまう。これらの例は, 英語学習者が近くの語に着目し, 固まりを作って処理するというユニット形成のストラテジーをとることの現れであり, 日本語学習者だけの特徴ではなく, 一般の外国語学習においてもそれが見られることを証明している。

ユニット形成のストラテジーがとられる語の内容を見てみると, 指示詞のコ・ソ・ア, 助詞「に」と「で」, 英語の冠詞の 'a' と 'the', そして三人称単数現在の 's' など, 多くはそれ自体あまり意味を持たない機能語の類が多い。つまり, どの指示詞でも, どちらの助詞や冠詞を選んでも, 話し手の内容に大きな変化を与えるものではないと言える。このような意味にあまりかかわらない機能語は, たとえ教師から理論的に学んでも, 実質的な意味が伴わないため, 学習者にとって使い分けをする必要性が低い。また, 学習者がユニット形成のストラテジーをとって誤用を犯しても, 意味に支障がないので聞き手である日本人も誤用を訂正する機会が少ない。そのため, さらに習得が遅れ, 上級になってもなかなか習得できない項目となっていることが考えられる。では, 学習者は意味を担うような語句に

ついてはどのような文法を用いているのであろうか。

〈3〉付加のストラテジー

形式の習得と機能の習得

1970年代，アメリカでは第二言語習得研究として文法形態素（意味のある最小の単位のことで，例えば，'He is singing.' の 'ing' や 'He looked at her.' の 'ed' など）の習得順序の研究が盛んに行われた。これは，多くの外国語教育では文法を教えることが中心であり，言語を習得することはそれらの文法項目が正しく使えることを意味しているからである。したがって，教師にとって「外国語ができる学習者」とは，導入した文法項目を間違えない学習者を指す場合が多く，文法項目がどのように習得されるのかということには関心が高いが，言語機能の面はどう習得されるのか，あるいは形式と機能のつながりはどう処理されるのかを問題にすることは少なかった。つまり，これまでの研究は細かい文法形式の習得が中心であり，言語機能がどのように習得されるのかに関しては，語用論や社会言語学の研究にいくつか見られる程度で，あまり扱われていない。実際の発話例を見てみると，初級レベルの日本語学習者には，(13)(14)のような誤用が見られる。

(13) あのー，あの人，すごく何か失礼って，初め「あたし，中国の人好きよ」φ（→と言って）次は，別の隣のベッドの何かおばさん言った「ああ，わたしも行きたい」，φ（→そうしたら最初に『中国の人好きよ』と言った人が）「行かないほうがいいよ，あっちは〜」φ（→と）悪いことばっかり言った

(中国，中級)

(14) 先週，二人，私の友だち，行きます（→行きました），インタビュー…

(マレーシア，初級)

(13)は「と」の脱落，(14)は過去形の誤用であるが，別の見方によっては，(13)は伝達，(14)は時間の表し方の機能が習得されていないというこ

とが言える。伝達表現は，「と言って」「と」などの引用表現形式を必要とするが，初級レベルの段階では引用がそのまま地の文で発話される。伝達表現の習得段階の最も基本的な傾向であろう。時間の表し方も，最初は多くの場合，未完了で完了を表すパターンが多く，タ形（完了形）で表すべき場合にル形（未完了形）を用いる場合が多い。しかし，「先週」とか「きのう」などの過去の時を表す言葉を使用することによって，過去であることを表していると言える。

英語の疑問文の習得の例を見てみると，(15)のような発達の順序が見られる。

(15) a. I am coloring?
　　 b. What you are doing?
　　 c. Are you a nurse? / Where is the girl?
　　 d. I tell you what did happen.　（エリス 1998：p.72 下線筆者）

まず，疑問の機能を表すのは，普通文の文末のイントネーションを上げることから始まり（15 a），そして，Wh疑問詞が挿入されるが，主語と動詞の入れ替えが起こらない（15 b）。次の段階で動詞と主語の倒置が起き（15 c），最後の段階で疑問詞が埋め込まれた文を作り出す（15 d）。正しい疑問文の形式が習得されるまでに，学習者は文末のイントネーションを上げたり，疑問詞（'what'，'when'，'where'など）を挿入したりして，疑問の機能を表現しているのである。つまり，さまざまなストラテジーを用いて，聞き手に「尋ねている」ということを認識させていると言える。

付加のストラテジー

先の例のように，学習者はコミュニケーションでは何らかの内容と機能を伝えるためにさまざまなストラテジーを使う。英語学習者の例では，文末に上昇イントネーションをつけることで，疑問の機能を表す。また，彼らはwh疑問詞をつけることで，後の語順を変えずに，疑問の機能を持たせている。あるベトナム成人の1年間の英語習得調査によると，初期の段階で'waduyu＝what do you'のフレーズをそのまま疑問詞だと考え，全

ての疑問文の前にこの'waduyu'をつけて発話したという報告がある（Huebner 1980）。また，初級レベルの日本語学習者にはしばしば(16)や(17)のような発話が観察される。

(16) 先生，韓国のキムチ，<u>食べる，できますか</u>（→食べられますか）？

(17) ここ，名前，<u>書きます，ください</u>（→書いてください）

これらは，可能形（「食べられる」「話せる」の形）やテ形（「書いて」「読んで」の形）は学習しても，運用に結びつくまで習得されていないため，可能や依頼の機能を表すために，ある表現形式を付加することでその機能を果たそうとしている。

このように，学習者が形式と機能の習得が不十分な場合に，習得の初期の段階において，決まった言語形式を付加することによって，その機能を果たそうとする方略を「付加のストラテジー」と呼ぶ。

日本語学習者が日本人宅を訪問し，帰り際に「今日はとても<u>楽しかったんです</u>。」と言ったり，「先生，先週風邪を<u>ひいたんですから</u>学校を休みました。」と言ったりする誤用なども，学習者は自分の気持ちや目的を「強調しよう」としたり，「丁寧に言おう」としたりする機能を持たせるために「んです」を付加しているとも考えられる。

このように付加のストラテジーは，学習者の機能の習得とかかわって，さまざまな日本語表現に現れている。では，否定の習得に関わる付加のストラテジーを検証した報告を見てみよう。

〈4〉否定形の付加のストラテジー

学習者の否定形の誤用

日本語学習者の否定形の誤用にはどのような例があるのだろうか。ある研究によると，初級や中級レベルの学習者には(18)のような例が観察された。また，(19)は，日本の工場で働いている外国人労働者（日本滞在暦6か月）の対話調査の発話例である。

(18) a. 寂しいですじゃない（→寂しくない）です　　　（中国，初級）
　　　b. ［朝ご飯を毎日は］食べじゃない（→食べない）（中国，中級）
(19) 　母語話者：ああ，Ａちゃん［学習者の娘］は元気？
　　　学習者：ああ，ゲンキ
　　　母語話者：ああそう，風邪は…
　　　学習者：風邪はじゃない（→風邪じゃない）
　　　母語話者：ああそう　　　　　　　　　（マレーシア，初級）

　(18)の発話では「寂しくない」また「毎日は食べない」と言うべきところを「～じゃない」の表現を使っている。(19)の発話では，日本人が「風邪はひいてる？」と聞こうとしたことに対して，「風邪じゃない」と言うべきところ，「風邪は」をひとまとまりだと考え「じゃない」を付加したと考えられる。

　これらの例から，日本語学習者は「じゃない」を分析できないかたまりとして捉え，否定の機能を表す語として，名詞の場合と同様に否定したい形容詞や動詞の後にも付加している可能性が高い。つまり，この「じゃない」の誤用は，学習者が否定表現を用いる場合の付加のストラテジーの一例であろうと考えられる。

否定形の付加のストラテジー

　この付加のストラテジーを検証するために，いくつかの実験調査が行われた（家村・迫田 2001 予定）。日本語能力テストでレベル分けされた日本語学校の留学生 41 名（初級 15 名・初中級 14 名・中級 12 名）を対象に，誤用と正用を含む問題文（23 問）を録音テープによる聞き取りで与え，文法的正誤の判断をするテストが行われた。(20)(21)はその一部である。
　(20)　動詞誤文の例
　　　　Ａ：毎日，国に電話をかける？
　　　　Ｂ：（○　×）
　　　　（テープ：毎日？そんなにかけるじゃないよ。1か月に1回かな。）

(21) 動詞正文の例
　　　 Ａ：朝はいつもどんなものを食べるの？
　　　 Ｂ：（○　　×）
　　　（テープ：朝はなにも食べないよ。）

　学習者たちには，「Ａ」の発話部分のみが記載された調査用紙が与えられ，「Ｂ」の応答はテープから与えられる。その応答文を聞いて，正しいと思う場合は「○」を，正しくないと思う場合には「×」を選択させる。図２は，学習レベル別に誤用と正用の文を正しいと判断した平均値を示している。

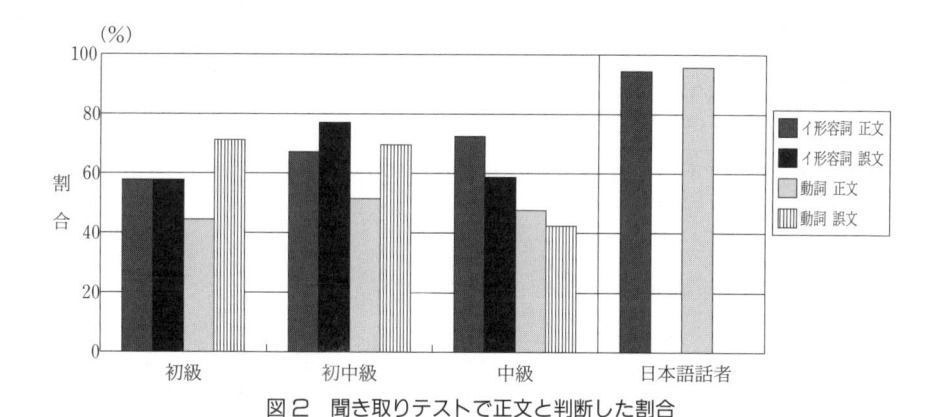

図２　聞き取りテストで正文と判断した割合

　統計処理（レベル，品詞，正誤の３要因の分散分析）の結果，誤用文か正用文かの判断に関して，日本語話者と学習者には差があるが，初級・初中級・中級のどのレベルにおいても判断の違いに差が見られず，学習者は(20)の「電話をかけるじゃない（→かけない）」のような発話を正しいと判断してしまうことが明らかになった。このことは，初級から中級の学習者が「じゃない」を否定の機能を表す語として考え，イ形容詞や動詞に付加のストラテジーをとる可能性が高いことを証明している。

知っていることと使えること

　この研究では、さらに調査を続け、興味深い結果を出している。聞き取りによる判断を行った後、調査用紙を回収し、第2の実験として(22)(23)のように、Bの発話部分も記載されている新たな調査用紙を与え、時間を与えて、下線部分が間違っているかどうかを考えさせた。そして、正しければ○を間違っている場合には、×を選択し、正しく訂正するように指示を与えた。

　(22)　A：毎日、国に電話をかける？
　　　　B：毎日？そんなに<u>かけるじゃないよ</u>。一か月に一回かな。
　　　　　　　　　　　　　解答：（○　⊗）→（かけない）
　(23)　A：このたてものは古いですか？
　　　　B：いいえ、<u>古くない</u>ですよ。去年たちましたから。
　　　　　　　　　　　　　解答：（◎　×）→（　　　　）

　統計処理（レベル、品詞、正誤の3要因の分散分析）の結果、図3のような違いが現れた。

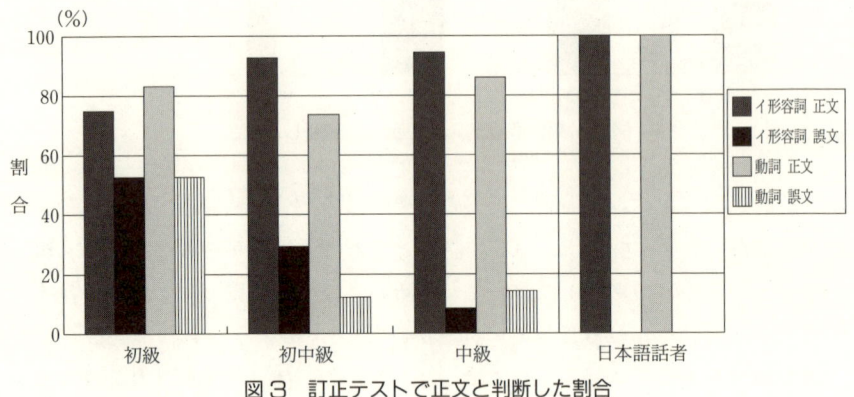

図３　訂正テストで正文と判断した割合

　レベルによって、正誤の結果に違いが現れ、初級と初中級の間、初級と中級の間に差があった。さらに、初中級でも中級でも、正文と誤文の割合に差があった。つまり、初中級と中級レベルでは正文を正文と判断し、か

つ誤文の訂正も正しく行われているが，初級レベルでは他のレベルの学習者と比べて，正文を正文と判断できる一方で，誤文を誤文と判断できず，正しく訂正できなかった。全てのレベルで，調査時には否定形の指導は授業で終了していたにもかかわらず，初級では知識として定着していないことが分かった。そして，初中級と中級では，最初の聞き取り判断調査では誤文を誤文と判断できなかったのに対し，発話文を読んで訂正する際には正しく誤用だと判断し，訂正できた（家村・迫田 2001）。

このことは，初中級や中級レベルの学習者にとって，この否定形の文法知識はあるが，十分な時間を与えられない聞き取りや発話の場合は，正しく判断できず，誤用をおかしてしまう可能性があることを暗示している。頭では正しい形式が理解できていても，実際のコミュニケーション場面での運用の際には，正しく使用できないわけである。つまり，「知っていること」が必ずしも「使えること」にはつながらないことを示している。そして，このことは，逆についても言えるのである。つまり，「使えない」からといって，必ずしも学習者が「知らない」あるいは「分かっていない」ということには直結しない。学習者が正しく発話しなかったり，使えなかったりした場合に，教師はすぐ「あ，分かっていない」「教えたのに，忘れたのかしら」と判断してしまうが，必ずしもそうとばかりは言えない。落ち着いて，時間を与えて考えさせればできる場合も多い。したがって，教師は学習者の１つの技能の結果だけを見て，「分かっている」「分かっていない」とは判断しないように心がけることが必要であろう。

さらに，もう１つ，重要な点を考えよう。第２の実験で初級レベルの学習者の誤用訂正が正しく行われていなかった点である。このことは，すでに否定形の指導が行われているにもかかわらず，知識として正しい否定形が記憶になかった，あるいは定着していなかったことを意味する。つまり，教師は一度ある文法項目を導入し，練習したら，知識の伝達は完了したと考えてしまう。しかし，実際に学習者がそのインプットを受け取っているという保証はなく，初級の段階では多くの文法項目が積め込まれ，実際のところ学習者の内部では大いなる混乱が起きていることが想像される。

(24)は，ある対話調査で学習 140〜300 時間の初級レベル学習者数人の発話に現れた否定の表現形式である（家村 2001）。

(24) 初級レベル学習者（11人）の対話に現れた否定の表現形式
    a. 名詞の否定形
        学生だない（→学生ではありません）
        魚くない（→魚ではありません）
    b. 動詞の否定形
        食べじゃないです（→食べません）
        書くない（→書きません）
        働きないです（→働きません）
        降るません（→降りません）
    c. イ形容詞の否定形
        安いくない（→安くない）
        遠ない（→遠くない）
        さびしいですじゃないです（→さびしくないです）
    d. ナ形容詞の否定形
        にぎやかない（→にぎやかではありません，にぎやかじゃない）

このように最初の段階では特定の1つの形式だけが使用されるのではなく，さまざまな否定の形式が混在して使用されていることが分かる。このような状況の中で，品詞に応じて否定形を上手に整理して記憶していくのはなかなか困難である。

教師はつねに学習者の現在地を正確に把握することに気を配るべきであり，そのためには導入した内容が学習者の記憶の中に整理されているか，その内容が使えない・話せないとすれば，それは何が原因なのか，そして一見単なる誤用に見えても，そこに隠されている学習者独自の文法処理方法の実体は何かなど，学習者のさまざまな現象を理解し，その背景にある真の原因を探求する姿勢が大切であろう。

この章では，学習者独自の文法を形成する要因として，学習者がどのよ

うに目標言語を処理するかを「に」と「で」の使い分けと否定形に関して探ってみた。その結果,「に」と「で」の使い分けにも前章のコ・ソ・アと同様のユニット形成のストラテジーが観察され,否定形に関しては新たな付加のストラテジーが観察された。このように,学習者は文法項目の近くの語に注目して言語処理をしようとしている。これらは,学習者が必ずしも教師から教えられたようには学んでいないこと,そしてこれらの言語処理のストラテジーには彼ら独自の学び方があることを示している。

(迫田久美子)

第3章

学習者独自の文法の背景
学習者独自の文法は必然的に生まれる

　第1章と第2章で，日本語学習者は，母語話者の文法とは違う独自の文法を作り上げていることを，指示を表すコ・ソ・アや，場所を表す「に」と「で」などを例にして見てきた。
　そうした学習者独自の文法は，学習者の母語が違っても，ほとんど同じということも多い。ということは，学習者独自の文法を，学習者の母語の影響によるものとして，簡単に片づけてしまうわけにはいかないということである。
　この第3章では，どうして学習者が，母語の違いにかかわらず同じような独自の文法規則を作るのか，その背景を考えたい。ここでとりあげる背景というのは，日本語母語話者の文法に潜んでいるものである。
　学習者独自の文法の背景を探るために，この章では，3つの事例を見ていく。過去丁寧形と，場所を表す「に」と「で」と，無助詞である。それぞれの事例をもとに，学習者独自の文法が生まれる背景として，日本語の文法に潜んでいる，不合理な文法規則や，ニセの文法規則，ゆれのある文法規則の存在を明らかにしたい。
　結論を先に言うと，学習者が独自に作る文法規則は，母語話者が持っている文法規則とは違うが，でたらめに作られるものではなく，必然的に生まれるものだということである。そして，そのような独自の文法のおかげで，少ない労力で，かなりの程度まで正確な日本語を話したり書いたりす

ることができるのだということである。

〈1〉不合理な文法規則——過去丁寧形の場合

学習者の過去丁寧形

　学習者独自の文法は，動詞や形容詞の活用にも見られる。その中には，学習が進んだ段階でも消えないものがある。その1つは，動詞や形容詞の過去丁寧形の作り方である。

　過去丁寧形は，イ形容詞（形容詞）の場合，（1）のような形が標準的である。ところが，（2）のような形がよく使われる。

　（1）　値段はとても高かったです。

　（2）　ねだんはとても高いでした。　　　　（寺村（1990：p.180, 3145））

　（2）は自由作文の例であるが，会話にも見られる。（3）は，ACTFL-OPI（全米語学教育協会による口頭能力を測定するためのインタビュー）で「中級—中」のレベルと判定された学習者の発話例である。

　（3）　えー，おもしろいでした

　　　　　　　　　　　　（KYコーパス：英語話者，中級—中（EIM 07））

　一方，動詞の場合は，過去丁寧形は，（4）や（5）のような形が標準的である。

　（4）　日本に来られました，岡山大学で勉強しました

　（5）　好きになっちゃいました

ところが，（6）や（7）のような形が，ACTFL-OPIの上級や超級の学習者にも見られる。

　（6）　いや，最初はー，留学生として，日本に来られたですね，〈ん〉その時は岡山大学で勉強，したですね，3年間岡山ずっとおりますしたけど，〈あーそうですか〉はい

　　　　　　　　　　　（KYコーパス：中国語話者，上級—上（CAH 03））

　（7）　好きですねえ，〈うん〉好きになっちゃったですねえ，〈{笑い}〉ともだ，友達，〈うん〉日本の友達に勉強させられましたので，

その意味で，あー，好きになるんですね，〈ええ〉すぐ

(KYコーパス：英語話者，超級（ES 06))

　ここでは，このような学習者独自の語形が現れる背景に，日本語に潜んでいる不合理な文法規則があると考える。それを明らかにするために，イ形容詞の過去丁寧形と，動詞の過去丁寧形を分けて，それぞれの背景を順に見ていこう。

イ形容詞の過去丁寧形の背景

　まず，イ形容詞の過去丁寧形が「暑いでした」のような形になるのは，日本語の活用のシステムそのものに原因があると考えられる。

　日本語の過去丁寧形には，可能性として，表1のような2系列がある。ここでは，それぞれA系列，B系列と名づけておく。

表1　過去丁寧形

品詞 ＼ 系列	A系列 （丁寧―過去）	B系列 （過去―丁寧）
イ形容詞（形容詞）	暑いでした	暑かったです
動詞	書きました	書いたです
名詞	雨でした	雨だったです
ナ形容詞（形容動詞）	静かでした	静かだったです

　A系列と名づけたほうは，丁寧さを表す「です」，「ます」が先に来て，過去を表す「た」が後に来る形である。B系列と名づけたほうは，過去を表す「た」が先に来て，丁寧さを表す「です」が後に来る形である。

　標準的な過去丁寧形は，表1で網掛けになっている欄の形である。イ形容詞の場合は，B系列の「暑かったです」が標準形であるのに対して，動詞，名詞，ナ形容詞の場合は，A系列の「書きました」や「雨でした」が標準形になる。

過去丁寧形がすべての品詞でA系列というふうに統一されていれば，規則的で習得しやすいはずである。ところが，不合理なことに，形容詞の場合だけはB系列になっているので，習得が難しくなる。そのため，多数派に合わせて，形容詞もA系列の「暑いでした」になりやすいのである。

習得の初期の段階で「暑いでした」が現れるのは，もちろん，(8)のような，「静かでした」などからの類推ということがあるだろう。

(8)　きょうは静かです。→　きのうは静かでした。
　　　きょうは暑いです。→　*きのうは暑いでした。

ただ，(8)と同じような類推の(9)から作られる「暑いだ」のような形は，習得の比較的初期の段階で消える。

(9)　きょうは静かです。→　きょうは静かだ。
　　　きょうは暑いです。→　*きょうは暑いだ。

「暑いだ」が消えやすいのとは対照的に，「暑いでした」が消えにくいのは，前にみた表1のように，過去丁寧形の活用のシステムが不合理にできているという大きな背景があるからだと考えられる。

動詞の過去丁寧形の背景

イ形容詞の過去丁寧形が「暑いでした」のような形になるのは，表1の多数派（A系列）に合わせてということで説明できるが，動詞の過去丁寧形が「書いたです」のような形になるのは，多数派が少数派の形に合わせるということであり，別の説明が必要になる。

動詞の過去丁寧形が「書いたです」のような形になる背景は，2つ考えられる。1つは母語話者の日本語であり，もう1つは活用のシステムの合理化である。

第1の背景である母語話者の日本語というのは，母語話者の日本語に「書いたです」のような形が現れるということである。この形は，書きことばとしては不自然であり，日本語の教科書にも出てこない。また，母語話者の多くは自分でこの形を使うことはないと答える。しかし，実際には，

日常会話に現れることがある。(10)のような例である。
(10) 司会がなんとなく5分とか<u>おっしゃらなかったですかねー</u>。
(現代日本語研究会（編）(1997：1340))

母語話者と変わらないような日本語運用能力を持つ，OPIの超級の学習者でも「書いたです」のような形が現れるのは，母語話者がこのような形を使っているからだと考えられる。

第2の背景である活用のシステムの合理化というのは，前に見た表1でいうと，多数派のA系列より少数派のB系列のほうが合理的な形であり，自然にこの合理的な形を使おうとしてしまうことである。

A系列よりB系列が合理的というのは，次の3つの理由からである。

(11) B系列は，丁寧さを表す形が「です」で統一されている。(A系列は，品詞によって「です」を使ったり「ます」を使ったりする。)

(12) B系列は，非丁寧形（例えば「書いた」）に「です」をつければ，すべて丁寧形（例えば「書いたです」）になる。(A系列は，非丁寧形と丁寧形の形の違いに統一性がない。)

(13) B系列は，過去を表す形が先に来て，丁寧さを表す形が後に来る。これは，終助詞など，聞き手に関わる形を後に置こうとする日本語の一般的な語順と一致している。(A系列は，逆の語順になっていて，日本語の一般的な語順に反する。)

B系列のほうが合理的であることは，日本語とほぼ同じ語順の韓国語などでは，A系列ではなくB系列の形が使われていることも補足材料になる。

習得が進んだ段階の学習者でも，B系列の「書いたです」のような形を使うのは，こちらの形のほうが合理的であることが背景にあると考えられる。

学習者は合理的な文法規則を作る

ここまで見てきたように，イ形容詞や動詞の過去丁寧形の作り方に学習

者独自の文法が見られるのは，その部分が日本語文法の不合理な部分の1つだからだと考えられる。

表1で見た過去丁寧形の作り方は，(14)と(15)の二重の意味で不合理なものであった。

(14) 品詞によって標準的な形がA系列だったりB系列だったりして，統一性がない。

(15) 合理的なB系列ではなく，不合理なA系列が標準的な形になっている品詞のほうが多い。

学習者は，このような不合理な文法規則を合理的な文法規則（すべての品詞をB系列で統一）に変えるような形で，学習者独自の文法規則を作るのである。

なお，学習者独自の過去丁寧形の中では，動詞の「書いたです」のような形は，形容詞の「暑いでした」に比べ，学習が進んだ段階の日本語学習者にも多く見られる。これは，すべての品詞を「書いたです」のようなB系列に統一するほうが，(14)と(15)の両方の不合理を合理化するため，合理化の中でも，より適切な合理化になっているからだと考えられる。

〈2〉ニセの文法規則——場所の「に」と「で」の場合

学習者の「に」と「で」

第2章の〈2〉で述べたように，場所を表す「に」と「で」の使い方にも，学習者独自の文法が見られる。

日本語の母語話者の場合，「に」と「で」は，述語の種類によって使い分けている。(16)のように，述語が存在を表すときは「に」が使われ，(17)のように，述語が存在を表すのでないとき，つまり動作や出来事，状態を表すときには「で」が使われる。

(16) 東京に住んでいます。

(17) 門の前で話をしました。

それに対して，日本語学習者は，「に」と「で」を，その前に来る名詞

によって使い分けていることがある。簡単に言うと，(18)のような使い分けである。

(18) ［名　詞］の 中・上・前・…── に
　　　　　　　　［名　詞］── で

「中」や「上」，「前」のような相対的な位置を表す名詞の後では「に」を使い，普通の名詞の後では「で」を使うという使い分けである。そのため，(16)の「東京に」を「東京で」とし，(17)の「門の前で」を「門の前に」にしてしまい，(19)や(20)のような文を作ってしまう。

(19)　＊東京で住んでいます。
(20)　＊門の前に話をしました。

　ここでは，このような学習者独自の文法規則が作られる背景に，日本語に潜んでいるニセの文法規則があると考える。ニセの文法規則とは，学習者が持っている(18)のような使い分けの規則である。そのような使い分けの規則がでたらめに作られるのではないことを明らかにするために，母語話者の日本語や，学習者向けの教科書の日本語にも，そのような使い分けの傾向があることを見ていこう。

母語話者の「に」と「で」

　日本語の母語話者は，「に」と「で」を，述語の種類によって使い分けているのであり，前に来る名詞によって使い分けているわけではない。しかし，実際には，「中」や「上」，「前」の後では「に」になることが多く，それに比べ，普通の名詞の後では「で」になることが多いという傾向が見られる。

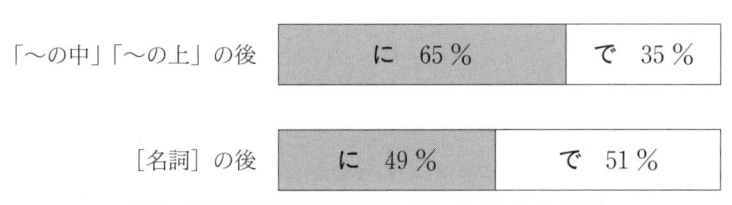

| 「〜の中」「〜の上」の後 | に 65 % | で 35 % |
| ［名詞］の後 | に 49 % | で 51 % |

図1　日本語母語話者の会話に現れる「に」と「で」

図1は，母語話者の会話のデータ（『男はつらいよ』シリーズの全シナリオと，『女性のことば・職場編』の「自然談話データフロッピィディスク」全文）を調査した結果である。「〜の中」，「〜の上」の後では，「に」が約65％（130例），「で」が約35％（70例）の割合で現れている。つまり，母語話者の会話でも，「〜の中」や「〜の上」の後では「に」になりやすいということである。

　それに対して，普通の名詞の後では，「に」が約49％（98例），「で」が約51％（102例）の割合になっている。つまり，普通の名詞の後では，「〜の中」や「〜の上」の後に比べると，「で」になる割合が高いということになる。（普通の名詞の調査は，「〜所」，「〜館」，「〜屋」，「日本」という名詞だけで調査した。）

　ただし，図1のような傾向が見られるのは，会話の場合だけである。書きことばの代表として，新聞のデータ（『CD-毎日新聞'95データ集』の1月1日〜1月7日までの記事全文）を調査すると，図2のように，違う結果が出る。「〜の中」，「〜の上」の後では，「に」が約16％（44例），「で」が約84％（232例）の割合で，「で」のほうが圧倒的に多い。普通の名詞の後でも，「に」が約36％（65例），「で」が約64％（114例）の割合で，「で」のほうがかなり多くなっている。

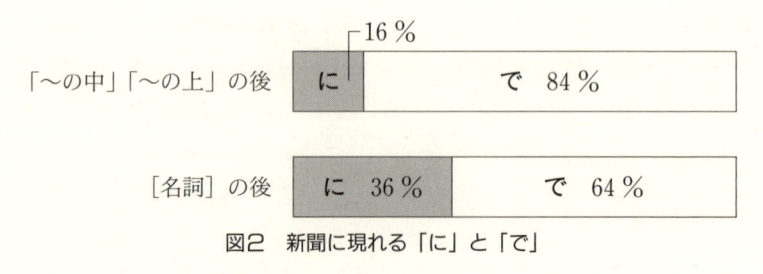

	に	で
「〜の中」「〜の上」の後	16％	84％
［名詞］の後	36％	64％

図2　新聞に現れる「に」と「で」

　会話と新聞で違いがあるのは，会話に出てくる場所は具体的な場所が多いのに対して，新聞に出てくる場所は抽象的な場所が多いからだと考えられる。例えば，(21)や(22)のような例である。このような「〜の中」には「で」がつきやすい。

(21) 開発に伴う生活環境の変化の中で、ゆがみも生じた。
　　　　　　　　　　　　　　　　　　（『毎日新聞』1995.1.1)

(22) 今回の新人の中では最年長。　　（『毎日新聞』1995.1.1)

　ここまでの調査結果をまとめると、日本語学習者が聞くことが多いと思われる母語話者の会話では、「〜の中」や「〜の上」は具体的な場所を表すことが多く、その場合、「で」より「に」のほうがつきやすいということが言えそうである。それを図示すると、(23)のようになる。

(23)　［名　詞］の　中・上・前・…　　に
　　　　　　　　　　［名　詞］　　　　で

　　　　　　　　（線の太さは結びつきの強さを表す）

教科書の「に」と「で」

　日本語を学習するときに使う教科書でも、「中」や「上」、「前」は場所を表す「に」と結びついた形で導入されることが多い。これも、「に」と「で」についての学習者独自の文法を生み出す遠因になっている可能性がある。

　例えば、『みんなの日本語 初級Ｉ本冊』では、第6課で、場所の「で」が(24)のような例文によって導入される。

(24) 私は駅で新聞を買います。

　その後、第10課で、場所の「に」と「〜の中」や「〜の上」がそれぞれ(25)や(26)のような例文によって導入される。

(25) あそこに佐藤さんがいます。

(26) 机の上に写真があります。

　つまり、場所の表現が最初に出てくる第6課では、普通の名詞と「で」が結びついた形で導入され、「中」や「上」が最初に出てくる第10課では、「〜の中」や「〜の上」と「に」が結びついた形で導入されている。

　このような導入の仕方をしている教科書は多い。Situational Functional Japanese でも An Introduction to Modern Japanese でも、基本的にはこれと同じである。

『日本語初歩Ｉ』は,「で」より「に」が先に導入される点は違うが,「〜の中」や「〜の上」が「に」と結びついた形で導入される点は同じである。具体的に言うと，3．で，場所の「に」と「〜の中」や「〜の上」がそれぞれ(27)や(28)のような例文によって導入される。

　(27)　ここに　でんわが　あります。
　(28)　れいぞうこの　中に　なにが　ありますか。

その後，10．で(29)のような「で」が，11．で，(30)のような「で」が導入される。

　(29)　日本で　いちばん　あつい　月は　なん月ですか。
　(30)　あなたの　友だちは　どこで　こうぎょうの　ぎじゅつを　ならいますか。

このように，日本語教科書では，場所を表す「に」と「で」が最初に出てくる課の本文・練習で,「〜の中」や「〜の上」は「に」と結びついた形で導入され,「で」と結びつくことが示されないことが多い。それを図示すると，(31)のようになる。

　(31)　［名　詞］の　中・上・前・…　に
　　　　　　　　　　　［名　詞］　　　で

学習者は近似的な文法規則を作る

　ここまで見てきたように，場所を表す「に」と「で」の使い分けに学習者独自の文法が見られるのは，母語話者の日本語や教科書の日本語に，そのようなニセの文法規則があるかのように見せかける性質があるからである。

　母語話者の文法では，場所を表す「に」と「で」は，述語の種類によって決まるのであって，前に来る名詞によって決まるのではない。ところが，実際に母語話者が話す日本語では，「〜の中」や「〜の上」は「で」と結びつきにくく,「に」と結びつきやすいという傾向がある。たぶんその反映だろうが，日本語教科書でも，「〜の中」や「〜の上」と「に」の結びつきは強い。そのような結びつきは，あくまでも傾向であって，文法規則ではないのだが，あたかもそれが規則であるように見えてしまい，そのよ

うなニセの規則が学習者の文法規則になるのである。

　母語話者の日本語で,「〜の中」や「〜の上」などが「で」より「に」と結びつきやすいのは偶然ではないと思われる。「〜の中」や「〜の上」などは, 普通の名詞に比べ, 位置関係を細かく正確に示すものである。一方, 場所を「に」で表す動詞は,「ある」や「いる」,「住んでいる」など, 存在を表すものである。1文に盛り込む情報があまり多いと理解しにくくなるので, 位置関係をはっきり示したいときは, 動詞は単に存在を表すだけにすることが多いのだろう。また, 逆に, 動詞が存在を表すもののときは, 位置関係をはっきり示したいことが多くなるのだろう。その結果,「〜の中」や「〜の上」などが「に」と結びつきやすい傾向が生じるのだと考えられる。

　一方で, 学習者は,「〜の中」や「〜の上」ではない普通の名詞には「で」が結びつくという文法規則を作ることがあるが, この背景は単純ではない。母語話者の会話を調査しても, 普通の名詞が「で」と結びつきやすいという傾向は見られないし, 日本語教科書でも, 普通の名詞に「で」がつく例文ばかりが出てくるわけではないからである。

　そうすると, 普通の名詞には「で」が結びつくという学習者の文法規則は,「〜の中」や「〜の上」には「に」が結びつくという学習者の文法規則との対立で出てくるものだと考えるしかないだろう。「〜の中」や「〜の上」が「に」と結びつくのなら, それ以外の普通の名詞は「に」ではなく「で」と結びつくという仮想的な対立を作ってしまうということである。

　なお, 第1章で見たコ・ソ・アの場合も, 学習者独自の文法の背景には, 母語話者の日本語や教科書の問題がある。これについての詳しいことは迫田(1998)を見ていただきたい。

〈3〉ゆれのある文法規則——無助詞の場合

学習者の無助詞

　日本語学習者の中には,「電車, 乗りました」のように, 無助詞の多い

発話をする人がいる。無助詞というのは，名詞に「が」「を」「に」などの格助詞や，主題を表す助詞「は」をつけない形のことである。
　(32)は，そのような日本語学習者の発話の一部である。
　(32)　貧しいところ，たくさん，ろう，労働力きたので，〈はい〉いま，ダイレンに，流動人口多い，〈うーん〉流動人口は，〈流動人口〉うん，戸籍，移転していません，〈はー〉うん，だから，ちょっと，混乱しています
　　　　　　　　　　　　　(KYコーパス：中国語話者，中級―上 (CIH 01))
　この発話では，「貧しいところに」の「に」，「労働力が」の「が」，「流動人口が」の「が」，「戸籍を」の「を」が省略されている。
　このように無助詞の多い発話をする学習者がいる一方で，無助詞がほとんど現れない発話をする学習者もいる。(33)は，そのような日本語学習者の発話の一部である。
　(33)　うんうんうんうん，美術，は，わたしの，んー趣味，〈はい〉あー，でも，んー，そう，えー大学に，あー，んー，そうまえときに，大学に，あードメトリー，あー，学生寮，に，あー住んでいました，そして，んー，わたしのへやに，あー，美術が作る，あー，そー，作りました，んー，そう，んー，わたしのへやは，んー，ちょっときたない，{笑い}〈{笑い}〉いつもきたない　　　　　　(KYコーパス：英語話者，中級―下 (EIL 04))
　この学習者は，助詞を必ず使わなければいけないという意識が強いようである。助詞がすぐ出てこない場合は，名詞を言った後，短いポーズをおいてから助詞を言うこともある。また，(34)の「最近に」のように，必要のない助詞を加えることもある。
　(34)　んそう毎日，あー，んー，1時間ぐらい，あー，そう，最近に，毎日，あー，最近のー毎日，{笑い}あ1時間ぐらい
　　　　　　　　　　　　　(KYコーパス：英語話者，中級―下 (EIL 04))
　このように，無助詞については，過剰に無助詞を使うタイプの学習者と，過剰なまでに無助詞を避けるタイプの学習者がいる。

ここでは，無助詞について，違うタイプの学習者が出てくる背景を，「ゆれのある文法規則」という観点から見ていこう。

母語話者の無助詞

日本語の母語話者がどんなときに無助詞を使い，どんなときに無助詞を使わないかは，かなり複雑である。無助詞の使用条件について，比較的はっきりしていることをまとめると，次のようになる。

(35) 文体についての条件

フォーマルな書きことばでは，無助詞は使わない。

(36) 助詞の種類についての条件

助詞の中で，「は」，「が」，「を」，「へ」は無助詞になりやすい。「に」，「で」，「と」，「から」などは無助詞になりにくい。

(37) 助詞の用法についての条件

無助詞になりやすい「は」や「が」であっても，対比的な「は」や排他的な「が」は無助詞にならない。

(38) 文の種類についての条件

「これ，何？」や「後ろ，見て」のように，質問文や命令・依頼文は，無助詞になりやすい。

(39) 名詞の種類についての条件

「あれ，食べよう」や「あの人，来た？」のように，指示語になっている名詞や，指示語がついた名詞は，無助詞になりやすい。

(35)から(39)は，無助詞の使用条件のうち，比較的はっきりしていることをまとめたものだが，それでも，(36)と(38)と(39)は「～は無助詞になりやすい」とか「～は無助詞になりにくい」という相対的な条件でしかない。

母語話者の無助詞のゆれ

母語話者の無助詞の使用条件は複雑であるだけでなく，同じような場面

で同じような文を発話しても，無助詞になるときとならないときがあるという「ゆれ」もある。

例えば，(40)では「他の書店に行ってさあ」と「に」が現れているが，(41)では「途中の駅，行ってもさ」と「に」が省略されている。

 (40) 半分ぐらいまで，半分まで読んでさあ，で，また他の書店に行ってさあ，立ち読みする。

(現代日本語研究会（編）(1997：3236))

 (41) で，途中の駅，行ってもさ，乗ってくる人なんて，いやしないの。 (現代日本語研究会（編）(1997：4984))

前にあげた無助詞の使用条件の中で，ゆれがなさそうに見える，文体についての条件(35)でも，そうである。フォーマルな書きことばでは，無助詞が使われないということではゆれはほとんどないが，話しことばではゆれが大きい。話しことばの中でも，いかにも話しことばらしい，くだけた文体になればなるほど，無助詞が現れやすくなるのだが，どの程度の文体でどの程度，無助詞になるかについては，ゆれが大きい。

このように，文体についての条件も相対的であるので，他の相対的な条件と組み合わさったときは，無助詞の使用条件はさらに複雑になる。

例えば，助詞の種類についての条件(36)で，「に」は無助詞になりにくい助詞となっていたが，「～に行く」の「に」は，ややくだけた話しことばでは，前の(41)のように無助詞になることがある。

(42)のように「～に着く」の「に」が無助詞になるのは難しい。無助詞になるにしても，「～に行く」の「に」が無助詞になる文体より，さらにくだけた文体のときだろう。

 (42) 東京駅 φ 着いたら，電話して。

(43)のように「～にある」の「に」が無助詞になることは，非常にくだけた文体のときでも，あまりないと思われる。

 (43) ガムテープ，あそこのコンビニ φ あるかなあ。

このように，母語話者の無助詞の使用にはゆれがあるため，簡単ではっきりとした文法規則として記述することは難しい。

学習者は単純な文法規則を作る

　ここまで見てきたように，無助詞の使用条件は複雑であり，ゆれも大きい。そのような文法規則を学習者がきちんと習得するのはほとんど不可能である。そうした場合，学習者は，複雑な文法規則を単純化するようである。

　無助詞を多く使うタイプの学習者は，話しことばでは助詞を使っても使わなくても大きな違いはないと考え，いつでも無助詞が使えるという単純化を行っているのだろう。反対に，無助詞をほとんど使わないタイプの学習者は，無助詞にならない場合と無助詞でよい場合があるとは考えないで，いつでも助詞を使わなければならないという単純化を行っているのだろう。

　無助詞にするかどうかにゆれがあるということは，無助詞にするかどうかは，日本語の文法規則の中ではそれほど重要なものではないということである。学習者は，ゆれがあり，あまり重要でない文法規則は，単純化してしまうのである。いつでも無助詞にして構わないという単純化か，いつでも助詞を使わなければならないという単純化である。

　これは，学習者だけでなく，日本語教科書にも言えることである。日本語教科書の多くは，無助詞についてはほとんど触れていない。本文や練習では無助詞をできるだけ避ける一方，無助詞が出てきてもほとんど説明がない教科書が多い。説明といっても，ごく簡単なものである。例えば，*An Introduction to Modern Japanese* では，(44)のような例文をあげ，「を」があってもなくても特に違いはないということを説明しているだけである。

　　(44)　これ，おねがいします。

　なお，学習者の中には，簡単なことを話す場面で気持ちに余裕があるときはあまり無助詞にはならないが，込み入ったことを話す場面で余裕がなくなると，無助詞が多くなる人もいる。例えば，同じ1つの会話であっても，簡単な質問に答える(45)の前後では無助詞がほとんど出てこないが，複雑な内容を答える(46)の前後には無助詞が多く現れている。

　　(45)　わたしの家族は父と母と兄と私の4人です。〈あ，そうですか〉

はい　　　　　　（KYコーパス：中国語話者，中級―下（CIL 01））

(46) うーん，地下鉄，〈んー〉うー，地下鉄で，〈んー〉えー，本町乗り換えて，〈んー〉うーん，うーん，みどすじせん，うーん，に，梅田，あー，梅田，梅田乗り換えて，〈んー〉えー，阪神，にい，三宮，つきます，〈あーそうですか〉はい

（KYコーパス：中国語話者，中級―下（CIL 01））

　(46)のように，話の内容が込み入ってくると，文の内容を考えたり，語順を制御したり，名詞や動詞を選択する処理で精一杯になり，助詞を使うかどうかというあまり重要でないことには注意がいかなくなるのではないかと思われる。

〈4〉学習者独自の文法の役割

学習者の文法は理にかなったものである

　この章では，学習者独自の文法が生まれる原因を探るために，3つの事例を見てきた。過去丁寧形と，助詞の「に」と「で」と，無助詞である。これらの事例から分かるのは，学習者独自の文法は，決してでたらめに生まれたものではなく，必然性があって生まれた，理にかなったものだということである。

　過去丁寧形についての学習者独自の文法は，不合理な文法規則を合理化しようとする，理にかなったものである。それは，同じような独自の文法が，日本語の方言や子供の言語に見られることからも分かる。鹿児島方言では「暑いでした」のような形が使われ，秋田方言や山形方言では「書いたす」のような形が使われる。また，子供の言語にも，「暑いでした」のような形が現れる。さらに言えば，このような合理化は，将来，日本語全体で起こることも予想される。そうすると，学習者独自の過去丁寧形は，そのような変化を先取りしたものだと言うこともできる。

　場所を表す「に」と「で」についての学習者独自の文法は，結果的に母語話者の日本語にある程度近い日本語を話したり書いたりすることができ

るような近似的な規則を作っているという点で，理にかなったものである。でたらめに「に」を使ったり「で」を使ったりするより，このような近似的な規則に従って「に」と「で」を使い分けるほうが，母語話者の日本語に近い日本語になるからである。

　無助詞についての学習者独自の文法は，ゆれがあって複雑である母語話者の文法規則を単純化していると言える。複雑な文法規則を習得しても，それほど大きな成果が得られない場合，その規則を習得せずに単純化するのは，合理的，効率的で，理にかなっている。

　学習者独自の文法が理にかなっているということは，それを裏から見れば，学習者の「誤用」は，目標言語（今の場合は日本語）の弱い部分，つまり，不合理だったり，複雑だったりする部分を突いて現れると言うこともできる。ちょうど，地殻の弱い部分に火山の噴火口ができるように。

少ない労力で大きな成果を得られる

　学習者独自の文法は，少ない労力で大きな成果を得られるという点でも，必然性があるものである。

　過去丁寧形の場合は，母語話者の，例外のある不合理な文法規則より，学習者独自の，例外のない合理的な文法規則のほうが習得の労力は少ない。学習者独自の文法規則では，「書いたです」のような形を使うことになるが，これらの形は母語話者の発話にも見られるものであり，意味が誤解される危険もない。つまり，学習者独自の文法規則を使えば，少ない労力で大きな成果が得られるのである。

　場所を表す「に」と「で」の場合も，同じである。母語話者の文法規則は，「に」と「で」より後に出てくる述語の種類によって「に」と「で」を選択するものである。どんな述語を使うかまで考えなければ「に」と「で」の選択ができないため，労力が大きい文法規則である。それに対して，学習者独自の文法規則は，直前の名詞によって「に」と「で」が選択できるので，労力が少ない。学習者の文法規則では「に」と「で」の選択を誤ることもあるが，それでも，図１のデータから判断すると，会話では，

3回のうち2回は正しい選択をすることになる。そう考えると，少ない労力でかなり大きな成果を得ていると言える。

　無助詞の場合は，さらにそれがはっきりする。母語話者の文法規則は非常に複雑であるが，学習者独自の文法規則は，非常に単純であり，習得の労力はほとんど要らないといってもいいくらいである。一方，無助詞になるかどうかにはゆれがあるため，一般の母語話者は，日常会話で無助詞になっているかどうかにはほとんど無頓着である。そのため，学習者独自の文法規則で無助詞に注意を払わなくても，無助詞の複雑な文法規則を習得して母語話者と同じような無助詞の使い方になっても，得られる成果はそれほど違わないと言える。そうであれば，学習者独自の文法は，少ない労力で大きな成果が期待できる。

　このように，学習者独自の文法は，少ない労力で大きな成果を得られるため，必然的に生まれてくるのである。

（野田尚史）

第4章

誤用の隠れた原因
誤用の原因はいろいろなところに潜んでいる

　これまでの章では学習者独自の文法について見てきたが，それらは誤用文をもとにして考察されたものであった。教師や研究者にとって，学習者の誤りは彼らがどのように日本語を習得しているのかを探る上で，また，日本語の文法そのものを考察する上で貴重な情報源である。しかし，誤りというのは，なかなか複雑な側面を持っているようだ。教師や研究者が学習者の誤りを間違えて解釈してしまうと，間違えた結論を導いてしまう。学習者になぜそう書いたのかと話を聞くと，想像していたのとはまったく異なった説明に驚かされることがよくある。

　学習者がある文法項目について誤ったからと言って，その文法の知識がないと簡単には言えない。文法項目については知っていたのに，他の表現に注意を向けているうちにうっかり口が滑ったということは，外国語を学習するときに，誰もが経験しているだろう。同じ文法項目でも，使用される文によって，できたりできなかったりすることを教師はよく経験している。

　誤用は習得研究に重要な情報を提供するが，それを正しく利用するためには，どのような言語行動（どんなことをしているとき）の中で誤用が出現したのかという面，どのような言語的特徴の文（どんな文）で失敗したのかという面の両方から考えなければならない。この章では，この両面をなるべく事例をあげながら検討して，誤りの複雑さを見ていこう。

〈1〉誤用の出現した言語行動

[課題によって異なる誤り]

　誤用文と言っても，テストの穴埋め問題で失敗した誤用と，作文で失敗した誤用と，会話で失敗した誤用では，その原因は異なっていることが考えられる。会話で言い間違えた文法項目でも，文法テストでは正解するということはよくある。

　（1）　・オーラルテスト（教師と1対1で録音），課題：（部屋の絵を見ながら）部屋の説明をする
　　　　「机の下にお金です。窓が開いてです。ドアが閉めてです。テレビがついてです。」
　　　　・文法テスト，課題：絵を見て（　）に適当なことばを書く
　　　　　問題　テレビが（　ついています　）。
　　　　　　　　　お金が（　おちています　）。　　　（ポルトガル語話者，初級）

(図版 *Situational Functional Japanese*
Volume 1 : Drills p.167, *Notes* p.183 より)

　（1）の場合は，同じ学生が同じ日に受けた異なるテストで見せたテスト結果の一部である。どちらも絵を説明するものであったが，筆記テストではできたものが，オーラルではまったく使えず，代わりに「です」と言い続けた。
　同じ学習者がテストの課題によって，このようにできたりできなかったりすることは教師としてよく経験する。言い間違えたから文法知識がないと判断するのも，テストで正解したからもう習得できていると思うのもいずれも軽率だ。また，文法テストでは問題形式によってもでき具合が異

なるし，該当の文法項目以外の事項が誤りの誘因であることも多い。これについては後で詳しく見る。誤用の原因は思わぬところに潜んでいる。

習得の途中では，課題によって同じ文法項目ができたりできなかったりするものだということに留意しておきたい。

処理時間が短いための誤り

あわてて口走る，急いで読んで見落とす，簡単なことも早くて聞き取れないなど，短時間で言語処理ができないための誤りは，外国語を使用する場合，われわれもよく経験する。いくら知識があっても，十分慣れていなければ，現実の使用場面では役に立たない。

情報処理の世界では，言い慣れて文法などに注意しなくても話せることを自動的処理（automatic processing）と呼び，一生懸命，意識的に注意をしながら言語知識を結びあって言語処理をすることを統制的処理（controlled processing）と呼んでいる（白畑他1999）。自動化しておらず，統制的な処理を必要とする言語知識は現実の使用場面では処理時間の短さのために誤ってしまう。

したがって，会話から収集される誤りの中には，
（a）　自動的処理ができないために処理に失敗した誤り
（b）　不正確な知識だったための誤り
とが混在していると考えられる。学習者に自分が話している会話の録音テープを聞かせると，間違いを自分で修正できるものとできないものがある。前の(1)の学習者は自分の録音テープを聞きながら，正しく言い直せていた。また，第2章，第3章で述べた場所を表す「に」と「で」の問題にしても，知識としては，「activitiyは「で」」のように理解しているのに，より自動化された言い慣れた表現の方が先に口をついて出てきてしまったのかもしれない。その場合，格助詞「に」の知識がないと判断した教師が，正しい文法は云々，と訂正しても無駄なことになろう。学習者が誤った文法規則を身につけてしまっているかどうかは分かりにくいのである。

自動化の程度が得点として反映する日本語のテストとしては，会話テス

ト，聴解テスト，SPOT（フォード丹羽他1995，小林他1996，Ford-Niwa 他1999）などがある。また，作文や読解でもスピードを要求して処理時間を短くすると，自動化の程度が結果に影響する。これらのテストでは，知っていても間違える誤用が含まれる。逆に言い換えれば，自然な速度で言語使用できるレベルまで習得されていなければ，知識はあっても得点できないというわけである。一方，個々の文法知識の有無はゆっくり時間をかけた（統制的な言語処理ができる）筆記テストでチェックすることができる。

　学習者の文法の誤りを見たときは，どのような課題をしているときに出現したのかに注意したい。

産出方法により異なる誤りの性質

　多くの誤用文が作文や録音された会話から集められているが，習得研究をするにはどのような条件下でその誤用が発生したのかに注意する必要がある。

［1］　作文の場合

　辞書や教科書の利用の有無，自由な課題か与えられた課題か，使用文型の限定のようなある程度枠を与えられた作文かどうかなど，条件によって誤用の出方は異なってくる。

　辞書使用が認められている場合には，上手に辞書を利用できるかどうかのような技能も反映してくる。辞書にあった表現を間違えて真似したための誤りもある。また，母語—和辞書を利用した場合は，言いたい内容を母語で考え，自分の日本語能力以上の複雑な文を書こうとする傾向があり，誤ってしまう。

　作文テストなどで，課題が予めわかっている場合は，学習者が準備して，覚えてくる場合もある。その場合，覚え間違いが誤用として現れる。

　また，文法の授業と結びつけた作文課題では，その文法を無理矢理使おうとするあまり，間違えてしまうことがある。特に作文テストなどで，特定の文法項目を使用するように指示すると，不必要なところにまで使用して，誤ることになる。そのような指示がなければ，使わなかったであろう

誤りである。作文に特に指示がない場合でも，そのとき学習中の項目を使いすぎて失敗する。学習者は「使わなければいけないと思って使った」と釈明する。その例文を書いたときに授業でどのようなことを学んでいたのかも無視できない。

[2] 会話の場合

会話テストなどで，誤用が収集されることが多いが，その場合，そのテストは到達度テスト（achievement test）か能力テスト（proficiency test）かに注意しなければならない。授業で習った範囲で，到達度をチェックするテストでは，ロールプレーを上手に丸暗記して，まるで習得できたかのように見せることもできる。しかし，同じ文法項目が，応用できるという保証はない。また間違いには，単なる覚え間違いという場合もある。

また，会話の誤用は，文法知識がないということにはならない場合が多いことは先に述べたとおりだ。録音した音声テープやビデオテープで聞かせると自分で修正できることが多い。知識はあったのに，使えなかったという誤用である。

〈2〉文法テストでの誤り

テストは不自然な言語行動

文法習得の研究で，学習者のテスト結果をデータとして利用しているものがある。そこで，文法テストについて考えておきたい。

テストの解答行動は自然な言語行動とは異なる。自然な言語行動というのは，まず先に言いたい内容が頭の中にあり，それを言語化するものであるが，穴埋めの文法テストなどでは，テストで与えられた空欄のある不完全な文から言わんとする内容を予測し，その内容にあった正しい文法項目で空欄を補充しなければならない。

> 【自然な言語行動】
> 言いたい内容　→　言語化
> 【穴埋めテストの解答行動】
> 空欄のある問題文を読む　→　不完全な文の意味を想像する
> →　想像した意味に合うように空欄を補充する

　上記のような過程を考えると，穴埋めテストの場合，間違いの原因は，それぞれの段階で，考えられる。
　（ａ）　問題文の読み間違い（文字の読み方を間違えるなど）
　（ｂ）　問題文の意味の取り違い
　（ｃ）　空欄箇所の文法の誤り
　次の問題は（　）に疑問詞を入れさせるものである。（　）には学習者の答えを入れてある。なぜ間違えたのか，まず，考えてみてほしい。
　（２）　　Ｑ：あれは（　だれの　）車(くるま)ですか。
　　　　　　Ａ：アメリカの車です。
　　　　　　正解（どこの）　　　　　　　　　　（ポルトガル語話者，初級）
　これは疑問詞の誤りとしてテスト結果データに記録されたものである。テストの復習をしたときに，「「だれ」は人でしょう。」というようなことを教師は説明したのであるが，学習者は納得のいかない顔をして「はい，人です。」と言った。実は，学習者はカタカナの読みに失敗していた。「リサさん」「シャルマさん」というようにカタカナの人名になじんでいたことが原因で，読めないカタカナに出会い，「「アメリカ」は人名だ」と思い込んだ上での解答だった。なじんだカタカナには「コーヒー」「カレー」などレストランのメニューもあったのだが，ここで，人名としたのは，「車」の意味からだろう。上記の（ａ）レベルで失敗し，そのため意味を取り違えたというわけだ。この場合，誤りの記録は疑問詞とされたが，疑問詞は問題なく理解していたのである。
　このようにテストに見られる誤りは必ずしもそのテスト項目の誤りとは

第4章■誤用の隠れた原因——69

限らない。不自然な言語行動であるからこそ導かれた誤りだと言えよう。

テストがひき起こす誤り

テストの誤りには次のような3種類の誤りが混ざっている。習得研究を学習者のテストでおこなうのならば，このようなデータの含まれることも考えて，相当数のデータ量を扱う必要がある。

［1］　単純な注意力不足でおこる誤り

テストにおける誤りの中には指示文を読み間違える，問題文を最後まで読まずに解答する，など，言語能力そのものよりも，テスト技術と関係のありそうな間違いがある。また，「あわてて失敗した。ケアレスミスだ。」と学習者が言う「うっかりミス」もある。しかし，「うっかりミス」はまだ自動化していないために言語の処理に注意が必要だという証拠で，言語能力を示していることには違いない。

［2］　当人としては理屈の通った誤り

文法項目の部分的な知識はあるが，ほかの要素との結びつけ方に失敗して誤ることも多い。先に見た疑問詞の例も，カタカナの読み方に問題があった。ほかにも例をあげておこう。

次の問題は「まで/までに」のいずれかを選ぶ問題である。

　　（3）　この本は土曜日（まで/(までに)）借りられる。

（タイ語話者，初級）

このとき「までに」を選んだ学習者の理由は次のとおりだった。

　学習者：「借りる」というのは「動作」である。瞬間的だ。「まで」というのは継続的なことに使うのだろう。だから「までに」だ。「まで」が正解だとすると「借りる」動作を何度も繰り返して継続するのか。

学習者は図書館のカウンターで本を借りる動作を思い描いていた。しかし，「この本」という意味を描ききれていなかった。「この本」というときには，その本が手元にあるのを想像する必要がある。また，「借りられる」という状態的な可能の意味と結びつける必要もある。学習者は（　）で括

られた問題部分とすぐ隣接する「借り」だけで解答しようとし，文全体の意味を考えることをしていなかったようである。

このような間違いは普通は「まで/までに」の誤りデータとして処理されるものである。しかし，上記の学習者の場合は「まで/までに」の違いそのものについては，よく分かっていたのである。

[3] 分からなくて当て推量で答えた誤り

テストのとき，学習者は無答を避け，少しでも何か書いておこうとするものだ。学習者は自分の限りある知識のすべてを動員して，より関連のありそうな事項を当て推量で解答する。それさえ分からない場合は，無答になるか，もし，選択肢があればどれか適当に選ぶ。たまにこれが正解になったりもする。

文法テストの特徴

典型的な文法テストは，以下に述べるような特徴を持つ。

[1] 文字を使うテスト

日本語の文字が苦手な学習者は，耳と口ではできることも，目を使う課題になると，混乱してできなくなったりすることがある。特に，初級の場合は，文字が障害になって，思考が混乱するように見える学習者がいる。一方で，耳，口は苦手でさっぱりコミュニケーションがとれないのに，目型のテストはできる学習者もいる。一般に，文法テストは耳型よりも目型で行うものが多い。教育現場では，もっと耳型の文法テストを考えてもいいのではないだろうか。

[2] 時間的にゆっくり処理できる

目型のテストでは，全然話せない人でも文法ルールを適用して正確な形を時間をかけて作り出すことができる（統制的処理）。例えば，「ここに（座って）もいいですか。」というような文の「座って」という動詞のテ形による文の完成テストで，解答用紙の余白に「すわる，すわって」というように辞書形からテ形を考え出した跡のある答案を見たことがある。答えは正解であったが，このような学習者は考える時間のない会話では，話せ

ないだろう。ゆっくり考える時間があれば，知識をゆっくり取り出すことができる。目型のテストは一般的に統制的処理による知識のチェックである。

［３］ 選択問題

　ある程度の知識は持っているがまだ未定着という文法項目の場合，選択肢で迷わされるために，かえって間違えることもある。また逆に正解は分からなくても，消去法で正解が得られることもある。学習者が答案に鉛筆で消去している作業の跡を見ることは多い。これも選択肢など用意されていない実際の会話では使い物にならないにちがいない。

［４］ 穴埋め問題

　空欄周辺に注意が集中しすぎて，文全体からの判断がなされないための誤用が多いことはすでに述べたとおりである。自然なコミュニケーションでは（　）など開いているわけではなく，言語処理の観点から見れば不自然な言語処理をさせていることになる。

　前章でも取り上げたが，学習者はより広い範囲から文法を決めていくのは苦手で，部分的に解決しがちである。例えば「は」と「が」の習得のしやすさで，富田（1997）は global, local という用語でこの問題を取り上げている。ただでさえこのような学習者の傾向があるのに，文法テストの穴埋め問題は，さらにその部分に注意を引き付けてしまうのである。

　以下の例を見てみよう。これは SPOT（前掲）テストの一部で，自然な速度で読み上げられる文を聞きながら，空欄にひらがな１文字を入れるディクテーションである。解答は読み上げられている。

　　（４）a.　……本当のことはなかなかわからない（わ）けです。
　　　　　　　誤りの中で一番多かった解答〈だ〉
　　　　　b.　これはうちの問題（で）ありまして，……
　　　　　　　誤りの中で一番多かった解答〈が〉　　（小林・フォード 1992）

　（４）を誤った学習者にとって，「だけ」のほうが「わけ」よりも，また，「があります」のほうが「であります」よりもすぐに頭に浮かんだということである。文全体の意味を考えられなかったこと，空欄周辺にのみ意識が集中したこと，その文法知識がなかったか，なじみがなかったことが原

因で，答えは読み上げられているにもかかわらず，正しく聞き取れなかったと考えられる。

〈3〉学習者の推論した誤った文法知識

教師や教科書の例文から推論した固定的なルール

学習者が独自に作る誤った推論の中には，正しい日本語の文法の方が非論理的だと言えるものや，論理を結び合わせるのに混乱するのも仕方がないと思えるものもあるが（参照 p.76 学習者の論理を越えた理解の難しい文法），一方で，文法習得の弱い人に特有の誤った推論の仕方もある。ここでは，現場の教師が「頭が固くて，飲み込みが遅い」と感じる学習者がよく陥っている推論方法を語順固定型と部分固定型に分けて説明しよう。

語順固定型

例えば，いつも「～は～を～した」という例文を聞いているうちに，語順のルールを自分なりに見つけ，日本語は常に左から SOV（主語・目的語・動詞）と並んでいると思い込む。そのために一番左は主語，2つめは目的語，のように考える。それはときどきは正解なので，先生に「よくできました」などと言われると，ルールの思い込みはますます補強される。当然，このルールではうまくいかなくなる。

また，初級の学習者に「first「は」, second「の」？」のような質問をされたことがある。教科書の第1課の「ブラウンさんはイギリスの学生です。」というようなドリルから推論したようである。このような学生は「私は国のフィリピンです。」などの発話をする。このような学習者は存在文の文型で「～の～に～がある」と「～は～の～にある」の関係でも混乱する。「は」「の」の関係に混乱する学習者は学習初期の授業で必ずいる。

初級のクラスで文法の習得が弱いとされる学習者は，格助詞の習得で，まずつまずく。その原因の1つはこのように線上的な語順の固定的なルールを作ってしまい，文全体の立体的な関係を作れないためではないだろう

か。

　そこで，教室では補語を縦に並べて示す，カードに補語を書いて文作りのゲームにするなど，語順ではなく格助詞に構造を示す機能があることを示す工夫などもする。多くの学習者はたとえ誤ったルールを作っていてもそれを徐々に修正していくが，いったん思い込んだ誤ったルールをなかなか作り替えられない学習者も中にはいる。

部分固定型

　「～は～の上/中/下にある」のような練習をたくさんしているうちに「～の中に」のように固めて覚えてしまい，「～の中で」というべき場合に誤りをおかす例は第2章，第3章で詳しく述べたとおりである。このように部分的に固めてしまったための誤りが習得のつまずきの原因になることは多い。他の例もあげておこう。

　（5）　穴埋めテスト：カップ（<u>の</u>）コーヒーを入れた。

（ポルトガル語話者，初級）

　この学習者は，「の」を 'in' と考えている。「ブラジルの学生」は 'student in Brazil' だというのである。そのため，'coffee in the cup' は「カップのコーヒー」と考えたようである。つまり，'A in B' は「BのA」と固定的に覚えたのである。また，「入れる」は 'put in' と学習者は説明していた。このようにして，「カップにコーヒーを入れる」とすべき文が上記のようになってしまったというわけである。

　（6）　東京<u>が</u>行きたいです。

　願望を表わす「水が飲みたいです」のような文を導入すると，（6）のような文を作る学習者が必ず出てくる。彼等は「「たい」の前は「が」」というようなルールの作り方をしている。初級の教科書でこのような「が」が強調されすぎる傾向があることも原因になっているのではないだろうか。

　次の例も固定的な理解の仕方の例である。

　（7）a.　きのう <u>φ</u> テレビはおもしろかったですか。

　　　　b.　誕生日<u>に</u>いつですか。

学習者は「きのう」「きょう」「あした」などの後は 'no particle'，「日曜日」「4月1日」というような「〜日」の後は「に」がつくというように固定的に覚えるために，このような誤り方をする。
　（8）（コンパの会場が）くつをぬぐところなら，穴の開いた靴下では
　　　恥ずかしい。
　中上級レベルの文法のクラスで(8)の意味を簡単には理解してもらえなかったことがある。学習者の固定的な知識による誤解が原因であった。誤解は以下のようなものであった。

形容詞/形容動詞＋ところ　→　広いところ，きれいなところ，静か
　　　　　　　　　　　　　　　なところ（場所を言う）
動詞＋ところ　→　おふろに入るところ，入っているところ，入った
　　　　　　　　　ところ（時を言う）

　学習者からの説明を受けて，なるほど，教室での導入の通りに学習者は理解しているのだと納得できた。そのためにクラスに40人ぐらいいた中上級レベルの学習者のほとんどが，「くつをぬぐところなら，」の「ところ」を場所の意味ではなく時と結び付けて考えて，混乱してしまっていたのである。このような学習者独自の文法を知らず，なぜこんな簡単な文の意味が分からないのだろうかと不思議に思いながら，寿司屋の説明などを始めたところ，「先生，「ところ」は場所ですか。」という質問が出てきて，ようやくお互いになぞが解けたのであった。
　これらの例に見るように，学習者は狭い範囲に固定した方が理解しやすく覚えやすいらしい。文全体の意味から調整して文法を決めるのは苦手なようであり，それが習得を難しくしている。

母語や既習言語の知識を利用したための誤り

　母語干渉への関心については，習得研究の専門家と現場の教師では，大

きく違うように感じる。それは，習得研究がテーマの場合は，学習者が共通に持っている習得の普遍的な傾向に科学的な根拠を与えていこうとし，現場の教師は具体的な個々の学習者の困難に対処する必要に迫られるからであろう。母語との関係については，慎重に観察する必要がある。また，日本で作られた教科書や日本の教室での文法説明などは，既習の言語として英語を使用することが多い。その場合，安易な英語訳が誤りのもととなることもある。

次の例はいろいろな国の学生が自分の国名と名前を自己紹介する場面で出てきた誤りである。

(9) マルコのパナマです。(「パナマのマルコです」)

(スペイン語話者，初級)

これは，母語と日本語の修飾の語順がまったく逆のスペイン語話者の例である。学習初期にこのような失敗を何度くり返しても直せない学習者がときどきいる。

また，理由表現「から/ので」で理由節と主文を間違える学習者も多い。(10)の練習は活用も関係ないし，簡単な練習のように見えるが，学習者の中には母語の語順を振り払う必要があって，混乱する者もいる。

(10) a. テレビを買いません。
　　　　お金がありません。
　　　　→お金がありませんから，テレビを買いません。
　　　b. テストがあります。
　　　　今ばん勉強します。
　　　　→テストがありますから，今ばん勉強します。

例えばこれを英語の語順で考えると，次のようになってしまう。

(11) a. *テレビを買いません，からお金がありません。
　　　b. *今ばん勉強します，からテストがあります。

こうして見ると，たいへんさが分かるだろう。

(12) 友達がぼくに電話をかけました。

日本語では話し手と聞き手など他者との関係を人称を省略する代わりに，

文末の「てくる」「てくれる/てもらう」などで示す場合が多い。普通，母語話者は(12)のようには言わず，「電話をかけてくれた，電話がかかってきた，電話をかけてきた」などと言う。人称が省略された聴解や読解などで，だれがだれに働きかけているのかというような人間関係がつかめなくなる原因の1つは「てくる」「てくれる/てもらう」の見落としかもしれない。学習者の母語によっては，(12)のように発話することがなぜ不自然な日本語になるのか納得できないようである。また，「行く」「来る」をそれぞれ英語の'go'，'come'と翻訳してしまうと，意味のずれがある（'I'm coming'の訳が「今，行くよ」となるなど，'come'は話し手に近付く方向だけではなく聞き手の方向に近付くのにも使う）ために，中上級になっても難しいようである。また「行きます」「来ます」は音声的にも聞き分けが難しい。

 (13) 休みは2週間だけありますから，国には帰りません。

「しか……ない」と「だけ……ある」を比べると，学習者はいつも「しか……ない」の方で困難を示す。この意味の差を英訳で示すのは難しい。どちらも'just'，'only'などと訳されてしまう。

一般に英語の直訳で訳し分けにくい文法ほど，学習者にとって，理解しにくそうである。知識が得られたとしても非用となり，例えば，「5分しかありませんから，急いでください。」というような「しか」を使ってほしい文脈でも「だけ」の方を使い「5分だけありますから，急いでください」というように話してしまう。

このような例は枚挙にいとまがないが，学習者によってはどうしても英語に置き換えないと気が済まず，そのために意味の差を感じ取れずに困っていたりする。

学習者の論理を越えた理解の難しい文法

つまずくのも仕方がないと思える文法もある。以下のような，文法積み上げ式の最初の頃に教室で詰め込まれる文法で，混乱する学生は多い。
［1］「です」「ます」とその否定文について

名詞文/形容動詞文の「です」「でした」「じゃありません/じゃないです」「じゃありませんでした/じゃなかったです」，形容詞文の「です」「かったです」「くありません/くないです」「くありませんでした/くなかったです」，動詞文の「ます」「ません」「ました」「ませんでした」，存在文「にあります」「にありません」などを，初級の文法として次々に導入すると，学習者にとってはたいへんである。共通して表れる「です」「でした」「じゃ」「ません」がどのようなシステムになっているのか混乱し，どうして「動詞＋ませんでした」に「じゃ」はいらないのかと質問してくる。また，存在文の「電話はありません」が，なぜ「電話じゃありません」ではないのか，と不思議に思ったりする。その上，「かばんは机の上じゃありません」のような「にありません」の代用として使われる「です」文まで聞くと，さらに混乱する。さらに，スペイン語話者であれば，ローマ字の「ja」を「は」のように発音するので，ローマ字で導入したりすると，「〜はありません」と「〜じゃありません」を混乱する。

　このように，学習者の身になって考えると母語話者には何でもない初級の文法がいかにやっかいな文法かということが分かるだろう。

［2］「ている」と「てある」

　「ている」と「てある」の文法を取り上げるときに，教師の方は，例えば「窓が開いている」「窓が開けてある」の違いを教えようと，いろいろ工夫をこらす。動詞の意志性に言及したり，自・他動詞を使いわけることも示したりする。そのようにして，教師が奮闘している横で，学習者はもしかしたら，次のように考えているかもしれないのである。これは，学習者に授業のあと，質問された事例である。

　　「有情物は「いる」無情物は「ある」と習った。どういう関係になっているのだろうか。」

この学習者は前に習った存在を表す「いる」「ある」を思い描き，このような疑問を持っていたために，その時間の教師の説明は全然頭に入っていかなかったようである。

［3］接続助詞「が」と「から」の混乱

　文法積み上げ式の教室で，逆接の「が」だけを教えておけば，これと理由の接続助詞「から」を混同するということはあまり起きないのかもしれない。しかし，自然な会話では，「前置き」などと呼ばれる「が」を学習する。「病院へ行きたいんです<u>が</u>，休んでもいいですか。」というのを習った学習者はこの文は「病院へ行きたいです<u>から</u>，休んでもいいですか。」と同義だと理解し，「が」と「から」は同じだと思い込んだ。教師は逆接の「が」の例文として，「この家は古いですが，きれいです。」のようなものをあげ，前置きと逆接を区別して教えているつもりでも，学習者の耳は「古いですから，」と「が」を「から」に聞き間違えることもある。文化背景によっては，古いほどきれいだと思っている場合もある。このようにして，「が」と「から」の混乱はいつも教室で起こることである。

［4］使役受動の行為者の混乱

　どうしても使役受動の人間関係（誰が命じて誰が行為をするか）がつかめない学習者の話を聞いたことがある。その学習者の論理によると次のようになる。

　　　受動：XがYにVられる　→　行為者　Y（「に」でマークされる）
　　　使役：XがYにVさせる　→　行為者　Y（「に」でマークされる）
　　　したがって
　　　使役受動：XがYにVさせられる　→　行為者はYにちがいない。

（中国語話者，中級）

　このような誤った推論を信じ込んでいたために，使役受動文の意味が理解できなかった。この誤解を解くために，担当の教師が時間をかけて個人指導する必要があったそうである。

音からの誤解

　口頭の文法ドリルやタスク活動などでは見つかりにくい誤りを，文字で発見することがある。

　日本語母語話者の耳は学習者の発音を修正して日本語の音として聞きが

ちである。ちょっと発音が悪いが，まあ，文法はできている，意味は通じる，というように受け取っていたものを，書かせて初めて誤解に気がつくことは多い。

　(14)　ます，ま<u>す</u>せん，ま<u>す</u>した，ま<u>す</u>せんでした

(タガログ語話者，初級)

　私自身，(14)のように学習者が発音しているのに，聞き過ごしていた経験がある。書かせて初めて，「ます」に「せん」「した」「せんでした」をつけ加えるという操作をしていたことが分かった。確かに，学習者にとってはこの方が分かりやすい。

　一般に，音が似ている文法項目は混乱しやすい。例を以下にあげておく。
- 「だれ/どれ」(/a//o/の区別のつきにくい学習者)
- 「何が/何か」等（疑問詞＋が/か）
- 「〜か（終助詞）。/〜が（接続助詞）。」
- 「でしょう。/ですよ。」
- 「てから/たから/たら」
- 「〜ていく/〜にいく」
- 「帰れ/帰ろう」「食べろ/食べよう」等（命令形/意向形）
- 「んじゃない↑/んじゃない↓」（イントネーション）

〈4〉教授法で異なる問題

形式主義がひき起こす誤り

　文法積み上げ中心の授業で教師が陥りがちなのは形式に注意がいくあまり，文の意味を見落とすことである。どんな場面で，何をしたいときに言うのか，という視点をおろそかにしがちである。教師が意味のない形だけの練習をさせると，学習者はそのドリルをやっているときにはできるが，実際には使用すべきところで使用できない，ということになる。

　(15)　毎日朝おきて，ごはんを食べて，大学へ行きます。

　このようなドリルは初級の教室ではなじみのあるものだろう。「〜て，

〜」のようなテ形接続を練習させるのが目的にもなるし，格助詞の練習にもなるし，いずれも初級で押さえたい文法である。しかし，このような「現在形」の文をどんなときに使用するのか，初級では教えられていない。学習者は，「毎日」のような言葉が入った習慣的なことを言う文には「現在形」を使うという程度に理解している。その結果，次の(16)のようなおかしな文を作ってしまう。この文は上級レベルの日本語を話す人が書いたものである。

　　(16)　先生，お元気ですか。私も元気で，毎日大学に行きます。

（英語話者，上級）

この場合，「毎日，大学に行っています。」のように「ている」を使わなければならないが，初級でしっかり学んだことが身についてしまっているようだ。

　　(17)　Q：コーヒーが飲みたいですか。
　　　　　A：いいえ，飲みたくないです。

動詞に「たい」を接続するドリルで，うっかり上記のような練習をさせてしまいがちである。このような練習をすれば，「たい」への接続形式の練習もできるし，否定形の練習にもなる。しかし，この形式練習の通りには，実際の会話では話されていないだろう。どんな場面で，どんな機能で，その文法形式を使うのか，という点を形式練習であっても，考えるべきである。

会話機能重視の練習から出てきた誤り

また，上とは逆に文法に注意を払わず，会話機能を重視して表現を学ばせたときの文法の誤解も例をあげておこう。

　　(18)　（許可求めの場面）病院へ行きたいんですが，休んでもいいですか。

先にも扱った例文であるが，この例からほかの誤解もでてきた。「〜たいんですけど」と「〜てもいいですか」はどちらも許可をもらうときの表現だと理解し，「たい」「てもいい」の区別がつかなくなった学習者がいた。

(19) (デパートの買い物場面)そうですね，大きい方がいいんじゃないでしょうか。

アドバイスの文で比較の形容詞文に触れたために，比較の「ほうが」はアドバイスのときに使うと考えた。そのため，「漢字よりひらがなのほうが簡単です。」のような他の比較の文に出会ったときに，「この文はアドバイスではないのに」と文の意味理解に困難を示した。

本章では，現場で指導する日本語教師の立場から，誤用の起こる原因を見てきた。文法の習得研究のデータとなる誤用の原因は，その文を生産させた課題のやり方(〈1〉〈2〉)にある場合，学習者の論理にもとづく誤解の場合(〈3〉)，教室活動のあり方(〈4〉)にある場合，と多様である。習得研究で誤用を扱う場合は，データの分析を慎重にすることが望まれる。

(小林典子)

第5章

学習者の母語の影響

学習者の母語が影響する場合としない場合がある

　第二言語を習得する場合に，学習者の母語がその習得のあり方を大きく左右するということは，われわれの多くが思い込んでいることである。そして実際，われわれが英語を学んだときに，rとlの区別や冠詞など，日本語にないばかりにマスターするのに非常に苦労した項目も多かったことであろう。

　このような実体験からの裏付けもあって，第二言語を習得する場合の難しさややさしさは，習得しようとする言語と，学習者のもっている母語という，2つの言語の，類似点や相違点のあり方によっておのずから決定されるといった，極端な意見が表明されたこともある（第12章〈1〉参照）。日本語教育のための母語別の教材が用意されたり，学習者の書いた作文から拾い出された誤用が母語別（出身国別）に分類されることがあるのも，こういった母語の影響力のことを踏まえてのことが多い。

　しかし，第1章や第3章では，学習者が身につけた目標言語の体系は，教科書や母語話者の話すことばなどを材料にして学習者が独自に作り出したものであって，母語の影響はそこにはない，という，われわれの上のような思い込みとは逆の実態が示された。このことにとまどいを覚えられた方もあったのではなかろうか。

　本当のところ，第二言語を習得する場合に，母語の影響はあるのかないのか。

本章では，第二言語の習得過程における学習者の母語の問題について，具体例をもとに，次のような観点から考えてみることにする。
（a） 母語の影響はあるのかないのか（→〈1〉）
（b） 母語の影響の出やすいところ，出にくいところ（→〈2〉）
（c） 第二言語習得の促進剤としての母語（→〈3〉）
（d） 第二言語習得に積極的に活用される母語（→〈4〉）

〈1〉母語の影響は本当にあるのか

習慣の持ち込み

　これまで使っていたワープロ専用機が壊れて，新しいパソコンに取り替えたとしよう。ワープロとパソコンでは，中心となる英数字のキーの配置は同じであっても，そのほかのキーの数や働きが違っていることが多い。このような状況のもとでわれわれは，新しいパソコンに向かったとき，どうしてももとのワープロのキー配置にしたがってパソコンのキーを打ってしまうことがある。これは，以前使っていたワープロのキーを打つときの習慣が，新しいパソコンを打つときにも抜けきらずに，そのまま持ち込まれるからである。

母語の習慣の持ち込み

　同じことが，第二言語を習得する場合にも起こりうる。
　新しい言語を学んだときに，すでに学んだ言語（とくに母語）に関する習慣——発音の仕方から，文法，意味，言語行動，さらには発想の仕方まで，さまざまな面にわたる——が，そのまま持ち込まれることがある（「転移する」という）。これが，第二言語の習得における母語の影響と，一般に言われるものである。
　次の例を見てみよう（［　］内は筆者の注記。以下同様）。
　（1）　KG大は授業内容も充実していて，いい名声があります。
（オーストラリア，中級）

(2) でも<u>このような科目は</u>生徒たちが（→に）社会の準備［の］し方を<u>教えない</u>。　　　　　　　　　（オーストラリア，中級）
(3) バレンタインの日に彼は私に日本料理のレストランへ<u>連れて行きました</u>。　　　　　　　　　　（オーストラリア，中級）

　これらの例はいずれも，英語を母語とするオーストラリア出身の日本語学習者の書いた作文から採ったものである。(1)の「いい名声」は英語の'good fame'の直訳，(2)は「科目が（人に何かを）教える」といった人間以外の主語をもつ文，(3)は日本語では必ず使わなければならない「てくれる」という形式を欠いた文であり，いずれも母語の影響を受けつつ作られた文だと思われる。
　その他，文法のほかにも，アメリカの学生などに，
　（4）　先生の授業のやりかたはうまいです
とほめられたり，中国や台湾出身の留学生などに，
　（5）　<u>先生</u>，おはようございます
とあいさつされることがあるが，この，プロである相手の，その専門にかかわる技能をほめたり，「先生」という呼びかけのことばを冒頭につけたりするのも，留学生の母語（母社会）の習慣が日本語行動のなかに持ち込まれた結果である。
　このようにして母語の影響は，日本語学習者のことばのなかに，たしかに見いだすことができると言える。

〈2〉母語の影響の出やすいところと出にくいところ

　では，このようにして母語の影響が実際にあるということを確認したとき，第1章で見たような母語の影響がないとする意見と，本章〈1〉で見た母語の影響があるとする見解とは，そのどちらも正しいとすれば――そしてまた実際に正しいのであるが――，それらはどのように調和されるのだろうか。
　このことについてここでは，次のような可能性を考えてみることにしよ

う。
　（a）　ことばにあるさまざまな側面のなかには，母語の影響が顕著に出る部分と，出ない部分がある。
　（b）　学習者によって，母語の影響が出やすい人と出にくい人がある。
　（c）　母語の影響が出やすい習得段階と，そうでない習得段階がある。

母語の影響が出やすい部分と出にくい部分

　まず（a）については，例えば上級学習者でも，撥音（ン）や促音（ッ）などの発音がうまくできない場合があるように，音声面には母語の影響が現れやすいということがある。このことは，何歳までに外国語を学び始めれば母語話者と同じように，外国人なまりを感じさせることなく話せるようになるか，という，学習開始時期の問題と結びつけて論じられることも多い。一定の時期（7歳まであるいは12歳までなどと言われることがある）をすぎて第二言語の学習を始めた場合には，母語の発音の影響は避けがたいとする考え方である（第11章〈1〉参照）。

　これに対して，第3章であげた，過去丁寧形のような，ほかの形式と緊密な体系を構成する文法的な形態素の，形の面での習得に関しては，母語の影響はそれほど問題にならない。このような場合にはむしろ，習得しようとしている言語がどのような特徴をもつ言語なのかということのほうが大事である（ほかの言語項目については，オドリン（1995）参照）。

母語―学習言語間の対応関係と習得の難易度

　文法面での母語の影響の出やすさということではさらに，母語と学習言語で，ある意味領域を表すのにいくつの形式が用いられるかという，その対応のあり方に注目して，表1のような難易度のスケールが設定されることもある。表の上にあるものの方が，学習言語のほうが母語よりも複雑に分化しているために，習得がよりむずかしいという可能性のある項目である。英語を母語とする学習者が，日本語を学ぶという場合から，例をあげる。

表1 母語―学習言語間の対応関係と習得の難易度

難易度	対応関係	母語（英語）	学習言語（日本語）	例（日本語）
難 ↑ ↓ 易	（A）分化	1	2	「ある」と「いる」
	（B）導入	0	1	「は」
	（C）削除	1	0	複数形・冠詞
	（D）統合	2	1	「ている」
	（E）対応	1	1	過去形

　（A）の「分化」は，英語では1つの要素しかないのに日本語に2つのものがある場合で，「ある」と「いる」の使い分けの習得などがこれにあたる。習得の最も困難なことが予想される場合である。（B）の「導入」は，英語にはなく日本語にのみある要素を習得する場合で，トピックをマークする「は」の習得などがこれにあたる。（C）の「削除」は，英語にはあるものの，日本語には対応する要素がないという場合で，名詞の複数形や冠詞などがここに分類される。（D）の「統合」は，英語では2つの形式で言い分けているのに，日本語では1つの形式しか使わない場合（英語の現在完了形'have -en'と現在進行形'be -ing'に対する日本語の「ている」），（E）の「対応」は，英語と日本語で1対1で対応する場合である。過去を表す'-ed'と「た」の関係などが後者（E）の例であり，両言語の意味と形式が1対1で対応するために，形を置き換えるだけで簡単に習得が達成されることが予想される。

　もっとも，ここにあげた例は，話を極端に単純化していることに注意されたい。「は」については「が」やその他の格助詞との関係を考えなければならないし（第7章〈2〉参照），「ている」の意味も，進行と完了だけではない。また「た」には，

　（6）　もう食べた

の例のような完了の意味もある（第9章〈3〉参照）。

学習者間の個別性

　次に、(b)の、学習者によって母語からの影響の受け方に違いがあるということについて。

　母語の影響の大きい音声の面から例をあげれば、このことは、日本のなかの同じ地域で育った人でも、標準語で話そうとするとき、方言のなまりがなかなか抜けない人と、標準語音声と方言音声をうまく使い分ける人がいるというごく身近な例から理解することができよう。標準語習得も、本質的には第二言語習得の一種である。

　この、第二言語習得において見られる学習者間の達成度の違いには、個人のもつ一般的な言語能力や、第二言語を学ぶ意欲や目的・動機の違い、何かを学習するときの個人的な特徴などの、さまざまな要因が関与していることが考えられる（第12章〈1〉表1参照）。しかし、結果的になぜこのような個人差ができてしまうのかということは、複数の要因が複雑にからみあっているために、そう簡単に解決することのできない、やっかいな問題である。まわりの標準語学習者や日本語学習者を観察して、その人たちのどのような特徴が習得レベルの違いをもたらしているのか、その要因をじっくりと見きわめてみてほしい。

可能形式に見る転移

　(c)の、転移を起こしやすい学習段階の問題については、次の例で確認しよう。

　表2は、中国語・韓国語・英語の3つの言語を母語とする各30名、合計90名の日本語学習者を対象として、その可能形式の使用のあり方を、それぞれ、初級（5名）・中級（10名）・上級（10名）・超級（5名）の4つのレベルに分けて示したものである。データは、OPI（oral proficiency interview、鎌田1996）という、学習者のコミュニケーション能力を評価するための方法によって集められた、フォーマルな場面での会話である（KYコーパス）。

　表中、「(ラ)レル」「可能動詞」とあるのは、

表2　KYコーパスに見る可能形式の使用の実態

形式 被験者		（ラ）レル		可能動詞		デキル		
		五段	他	五段	他	スルコトガ	VN	―
中国語	初級	―	―	―	―	―	―	―
	中級	1	6	9	―	―	1	27
	上級	―	5	22	1	2	10	20
	超級	―	12	31	1	1	3	10
	計	1	23	62	2	3	14	57
	使用率	0.6	14.1	38.3	1.2	1.9	8.6	35.2
韓国語	初級	―	―	2	―	―	―	―
	中級	1	4	9	―	15	5	11
	上級	―	4	39	2	12	5	30
	超級	―	5	16	―	―	10	13
	計	1	13	66	2	27	20	54
	使用率	0.5	7.1	36.1	1.1	14.8	10.9	29.5
英語	初級	―	―	1	―	―	―	1
	中級	―	4	14	2	3	2	5
	上級	2	8	31	2	5	14	18
	超級	―	6	12	―	1	1	8
	計	2	18	58	4	9	17	32
	使用率	1.4	12.9	41.4	2.9	6.4	12.1	22.9

（初級・超級各5名，中級・上級各10名。デキル欄のVNは動名詞，「―」は名詞＋ガ＋デキルもしくはデキル単独使用）

（7）　仕事中は，あまり，しゃべられません（助動詞レル＝五段動詞
　　　の場合）　　　　　　　　　　　　（中国語話者，中級―上（CIH 01））
（8）　文房具も，あの，見られます（助動詞ラレル＝一段・カ変動詞
　　　の場合）　　　　　　　　　　　　（英語話者，中級―中（EIM 07））

（9）　やきそばも作れます（五段動詞に対する可能動詞）

（英語話者，中級一下（EIL 05））

　　（10）　イタリアに行ってはもう何でも食べれました（ラ抜きことば＝
　　　　　一段動詞・カ変動詞に対する可能動詞）

（韓国語話者，上級一上（KAH 04））

のような可能形式のことで，それぞれ，動詞について，五段動詞（表では「五段」）の場合と，一段・カ変動詞（表では「他」）の場合に分けて示してある。また「デキル」類の「スルコトガ」（動詞連体形＋こと＋が＋できる），「VN」（漢語動名詞＋できる），「―」（「できる」の単独使用もしくは「名詞＋が/は/も等＋できる」）は，それぞれ，

　　（11）　ピアノをひくことができます　（韓国語話者，中級―中（KIM 04））
　　（12）　ほら集中できればいいなって思って

（韓国語話者，上級一上（KAH 04））

　　（13）　衛生放送もできて　　　（中国語話者，中級一上（CIH 01））

のような例を示す。

　表2からは，次のようなことが分かるであろう。

　まず，学習者間の共通点として，

- 可能形式は，中級以降になって生産的に使用されること。
- 五段動詞は可能動詞，一段・カ変動詞（「他」）は助動詞「られる」のように，規範的に使い分けられることが多いこと（「五段動詞＋れる」や，一段・カ変動詞の可能動詞形＝ラ抜きことばが少ないこと）。

などがあげられる。

　なお，ラ抜きことばの例は，母語別の3つのグループをあわせても，このデータのなかには8例しかない（表では「可能動詞」の欄の「他」の数字）。なぜ少ないのかということについては，このデータがフォーマルな場面で集められたことと関係があるかもしれない。教室では，ラ抜きことばが非標準的な形式であると指摘されることが多く，学習者もそのことを意識しているケースが多い。

　一方母語別に見たとき，学習者の間には，とくに中級において，次のよ

うな違いが観察される（表の網掛け部分）。

・韓国語話者は，「スルコトガデキル」を多用すること。
・中国語話者は，「―デキル」を多用すること。
・英語話者は，可能動詞を多用すること。

ここではこのなかから，とくに，中級の韓国語話者が「スルコトガデキル」を多用していることに注目しよう。韓国語を母語とする日本語学習者は，なぜ中級において「スルコトガデキル」を多用するのか。

このことには，韓国語に，「する＋こと（＋が）＋できる」に対応するくみあわせ形式，

(14)　動詞-l (ul)　　　　　　＋　　swu iss-/eps-
　　　未来連体形語尾　　　＋　　コト アル/ナイ

があって，日常的によく使われるということが関係している。たとえば次のような文がある。

(15)　kukes-ul ilbone-lo selmyengha-l swu-nun eps-spnita
　　　ソレ ヲ 日本語デ 説明スル　　コト ハ ナイ 丁寧
　　　（それを日本語で説明することはできません）

これに対して中国語や英語には，「することができる」にそのまま対応するくみあわせ形式はない。

中級に転移が多いわけ

では，なぜ中級で，「スルコトガデキル」が多用されるのであろうか。このことの背景には，学習者のたどる，次のような習得の過程があると思われる。

表３　可能形式の習得段階

初級	可能形式未習得段階
中級	可能形式不完全習得段階
上級・超級	可能形式完全習得段階

つまり，上級や超級の学習者が可能形式を安定して使えるというのとは

異なって，中級ではまだ，その使用が不安定である。加えてOPIなどのようなフォーマルな会話（テスト）場面では，学習者は，相手の発話とのあいだに間をあけないように話さなければならないといった時間のプレッシャーに圧されて，ついつい母語の表現方法に訴えてしまうのだと考えるのである。

この解釈が正しいとすれば，少なくとも文法事象については，母語の影響がもっとも顕著に観察されるのは，中級かどうかという単純にレベルの問題というよりも，むしろ，学習者がその事象をまだ十分に習得していない，あるいは不安を覚えつつ使っているということのほうが，転移が起こるための大事な要因であると予想することができる。しかし，これが妥当な結論かどうかは，まだ十分に分かっていない。今後の調査の積み重ねが必要なところである。

なお，母語の影響が現れるかどうかということが，上で述べたように，第二言語を使うときに時間のプレッシャーがあるかどうかということに左右されるとすれば，母語の影響の出やすさということには，先に〈2〉の冒頭にあげた(a)～(c)のほかに，

(d) 学習者の取り組む課題や作業によって，母語の影響が出やすいものと，出にくいものがある。

といったことも考えられるかもしれない（第4章〈1〉参照）。

〈3〉 母語は「悪役」か

ところで，〈1〉や〈2〉で見たような母語の影響は，一般に，第二言語習得にとってはやっかいなものとして扱われることが多い。逆に言えば，学習者が使う第二言語から母語の痕跡をどれだけ消すことができるようになったかということが，第二言語習得の達成度をはかるための1つの基準になるということである。

しかし，母語の影響とは，それほど悪いことばかりをもたらすものなのだろうか。

いや，そんなことはない。

知識は活かされる

　少し考えてみれば分かるように，われわれが第二言語を学ぼうとするときには，すべてのことを一から新たに学び直すわけではない。例えば 'radio' や 'television' といった英語の単語を学ぶ場合には，われわれが習得するのは形（発音）の面だけであって，意味の面ではない。意味についてはわれわれは，これらの単語の場合，学ぶことは何もなかったのではなかろうか。同様にして，過去や未来が英語でどのような形（例えば '-ed' や 'be going to' など）によって表されるかについては学んでも，「過去」や「現在」，「未来」といった概念自体まで学ぶ必要はなかった。

　また，〈2〉で取り上げた韓国語話者の「スルコトガデキル」についても，データに現れたところを他の使用形式とあわせて量的に見たときにはじめて母語の影響を想定することができたが，個々の例だけを見ている限りでは，コミュニケーションを行ううえで，とくに問題になるところはない。

　つまり，上のようなケースでは，母語のなかで表現される意味や表現パターンが第二言語にも持ち込まれることによって，学習が非常に効果的に進んでいることになる。とすればわれわれは，第二言語を学ぼうとするとき，その言語にかかわる知識の多くを，すでに母語獲得の過程において身につけたことに負っているのではなかろうか。

　このように考えれば，第二言語習得とは，例えば日英語の現在進行形を例に採れば（完了形はここでは考えない），

　(16) a.　私はいま手紙を<u>書いています</u>。

　　　 b.　I <u>am writing</u> a letter now.

のように，「ている」と 'be -ing' が基本的には対応しつつも，

　(17) a.　私は東京に<u>住んでいます</u>。

　　　 b.　I <u>live</u> in Tokyo.

　(18) a.　太郎はあす<u>来ます</u>。

　　　　b.　Taro is coming tomorrow.

などのように，ズレが見いだされる部分——現在進行形の習得にとっては実は周辺的でマイナーな部分——を，いかに習得するかということに限定されることになる。

母語の影響の2つの側面

　このようにして母語の担う肯定的な側面も正当に評価してみると，第二言語習得における母語の影響には，同じメカニズムによって起こることではあるが，
　（a）　習得の妨げになるような，一般に「干渉」と言われる悪い側面と，
　（b）　習得を促す促進剤としての効果的な側面
の，2つの側面があるということになる。
　次の〈4〉では，母語のもつこのような肯定的な側面が，時折，誤用というかたちで露見しつつも，実際に，学習者によってどのように活用されているのか，具体的に観察してみることにしよう。

〈4〉母語を精一杯活用する

　本書ではこれまで，学習者を，文法規則を能動的に構築する主体として見ることの重要性を指摘してきた。このことは，実は母語の役割ということについても同じように言えることである。母語は，いずれは取り除かれるべき習慣として無意識のうちに，否応なしに第二言語習得の場に持ち込まれるという受身的な側面をもつ一方で，学習者によって，積極的，能動的に評価され，活用されるものでもあるのである。

母語だけの特徴だと思う

　はじめに，たとえば次のようなことわざを考えてみよう。
　(19)　a.　Time flies like an arrow.

  b.　光陰矢のごとし。

　一般にわれわれは，ことわざや慣用句といったものは，その言語が使われている文化を反映することが多いために，文化が違えば必然的に異なるものだと考えているところがある。したがって，実際には(19)のように同じような発想の表現を使っていても，母語のことわざを学習言語にそのまま直訳して使おうとは思わない。例えば，

 (20)　さじを投げる。

を，

 (21)　Throw a spoon.

と，英語に変換して表現することはまずないであろう。

　同様のことはまた，単語の基本的な意味と派生的な意味の間にも観察される。例えば，

 (22) a.　人を殺す

  b.　一塁走者を殺す

  c.　感情を殺す

  d.　息を殺す

など，日本語では同じ「殺す」を使っていても，それを英訳する際に，(22 a)以外の「殺す」を「kill」にしてよいかどうか，迷うところがあるのではないだろうか。

　このようにして，学習者が，母語のなかで，学習言語にはない母語だけの独自の特徴だとみなす項目については，学習者は，学習言語のなかに母語の特徴を持ち込むことはない。逆に，母語の表現に見られる特徴を主体的に押さえ込もうとする動きが見て取れる。

学習言語にもあると思う

　一方，日本語学習者のうち，中国語や台湾語を母語とする学生の書いた作文などには，ときとして，次のような，日本語のなかではそのような使い方はしないという漢語や，日本語のなかではついぞ見かけないような漢語が出てくることがある。

(23) ［日本は］どうして世界で経済場合には［世界経済のなかで］<u>頭角</u>になっている？
　　　　　　　　　　　　　　　　　　　　　　　　　　（台湾，中級）
(24) サラリーマンはパチンコあるいは<u>酒館</u>へしか行きません。
　　　　　　　　　　　　　　　　　　　　　　　　　　（台湾，中級）

　これらは，上のことわざなどのケースとは逆に，日本語学習者が日本語の漢語と中国語・台湾語の単語に大きな類似性を認め，未習得の部分に母語を積極的に導入しているという例である。
　同じことは，英語を起源とする外来語の場合についても言えるであろう。次の例は，日本語に英語からの借用語がたくさんあり，また「ローン」という単語もあることを知っている英語圏の学生が，それを，政府の貸与する学費を指すのにも拡張して使っているものである。

(25) 前は，たくさん<u>ローン</u>は政府から学生にくれました。
　　　　　　　　　　　　　　　　　　　　　　　　　（アメリカ，中級）

学習者による主体的評価

　以上，本節で取り上げた例が示すところは，学習者が，母語の要素と学習言語の要素の類似度や個別性を主体的に評価し，その下した評価に応じて，母語を活用するかしないかを能動的に決めているところがあるということである。

言語と言語の間の類似度の認識

　ちなみに，上の例は個々の言語項目の例であったが，類似度の認識は，言語と言語の間全体に及ぶこともある。
　韓国語を母語とする話者は，英語を母語とする話者よりも，日本語と母語を似ていると判断しているケースが多い。われわれも第二外国語としてフランス語やドイツ語を学んだとき，日本語よりも英語との類似性を見出して，作文を書く際などに，フランス語やドイツ語の単語が分からなくて英語の単語を使ったというケースはなかっただろうか。これは母語の影響ではないが，既習言語の影響という点では同じことである。

表4　米国人についての外国語難易度一覧

グループ	言語	研修時間[3]	学習能力別 低	中	高
グループ1[1]	アフリカーンス語（南ア連邦）[2]，クレオール語，デンマーク語，オランダ語，フランス語，ドイツ語，ハイチ語，イタリア語，ノールウェー語，ポルトガル語，ルーマニア語，スペイン語，スワヒリ語（ケニア・タンザニア・ウガンダなど），スウェーデン語	8週（240時間）	1	1/1+	1+
		16週（480時間）	1+	2	2+
		24週（720時間）	2	2+	3
グループ2	ブルガリア語，ダリ語（アフガニスタン），ファルスィ語（イラン），ギリシャ語，ヒンディ語，インドネシア語，マレー語，ウルドゥ語	16週（480時間）	1	1/1+	1+/2
		24週（720時間）	1+	2	2+/3
		44週（1320時間）	2/2+	2+/3	3/3+
グループ3	アムハラ語（エティオピア），ベンガル語，ビルマ語，チェコ語，フィンランド語，ヘブライ語，ハンガリー語，クメール語［カンボジア］，ラオス語，ネパール語，ピリピーノ語，ポーランド語，ロシア語，セルビア・クロアチア語（ユーゴスラビア）[4]，シンハラ語（スリランカ），タイ語，タミール語，トルコ語，ベトナム語	16週（480時間）	0+	1	1/1+
		24週（720時間）	1+	2	2/2+
		44週（1320時間）	2	2+	3
グループ4	アラビア語，中国語，日本語，朝鮮語	16週（480時間）	0+	1	1
		24週（720時間）	1	1+	1+
		44週（1320時間）	1+	2	2+
		80-92週（2400-2760時間）	2+	3	3+

注（1）各グループの言語名は英語のabc順。（2）［　］は原注，（　）は千野注。（3）研修時間は1週あたり30時間の理論的に可能な最大時間数。（4）千野（1999）の原文のまま。

なお，母語と学習言語の2つの言語の類似度をどのように認識するかということは，学習者側だけが経験することではなく，教える側の問題であることもある。ここでは，そのことが顕れている例を1つだけ見ておくことにしよう。

　表4は，アメリカの国務省付属機関「外務研修所」が，それぞれの外国語について，学習者（英語話者）の外国語学習能力別（低・中・高）に示された一定の習得レベルに達するために必要な研修時間数を示したものである（千野1999：p.97）。習得レベルは，ひと言もしゃべれず，聞きとりもできないレベル0（ゼロ）から，現地人並みにしゃべり，また読み，書きができるレベル5までに分類され，外交官の仕事をするために最低必要な水準であるレベル3を目標にして，トレーニングを積むという（同p.94）。この表からは，一般的に言って，インド・ヨーロッパ系の言語には少ない時間が，またアジアの言語，あるいは英語と文法・表記の面などで異なると判断される言語には多くの時間が割り当てられていることが分かるであろう。この時間数は，母語（英語）と学習言語の類似度を作成者がどう捉えているかということを，ある程度映し出している。逆に言えばその認識のあり方が，この語学研修コースのシラバスなどの具体的な内容を決めるに先だって，枠組み（＝研修時間数）を形成するのにあずかったと言えるわけである。

学習の合理化と母語の役割

　先に第3章では，「学習者の文法は，少ない労力で大きな成果を得ようとする」という特徴を指摘した。

　なかなか抜けない習慣として自動的に持ち込まれる母語の特徴は別として，本章〈3〉や〈4〉で述べたような，主体的に活用される母語の位置づけも，これに関連させて，次のように捉えることができる。

　第二言語の習得とは，学習者が，自分自身の脳のなかに，母語以外の，新たな言語の規則を形成していく能動的な作業である。その作業を行うに際して（とくに成人の）学習者は，作業をできるだけ効率的，合理的なも

のにするために，活用できる道具や材料を最大限に持ち込もうとすることが多い。その活用できる道具の1つが，母語というわけである。

　このようにして，母語を，学習者が積極的に活用するものとして，これまでとは違った角度から位置づけてみると，母語というものが，いかにその習得を促進する材料であるかが理解できるであろう。

　母語は，悪役などでは決してない。

（渋谷勝己）

第6章

文法項目の難易度
難しい文法項目は複雑な処理を要求される

　文法項目の中には，習得がやさしいものと難しいものがある。例えば，「行きます」から「行きました」の形を作るのはやさしい。それに対して，述語に「のだ」をつけるかどうかの選択は難しい。

　この第6章では，どんな文法項目がやさしく，どんな文法項目が難しいのかを，なるべく体系的に整理したい。

　はじめに，〈1〉で，文法項目の習得とはどういうことかを述べる。文法項目の習得には，形が作れることと，それが使えることの2つの面があり，ふつうは，形を作ることのほうがやさしく，それを使うことのほうが難しいといったことを述べる。

　次に，〈2〉から〈4〉では，それぞれ，形態に関する難易度，対立に関する難易度，共起に関する難易度について，8つの仮説を提案する。例えば，広い範囲に適用できる文法規則はやさしく，狭い範囲にしか適用できない文法規則は難しいという「広狭条件」などである。

　最後に，〈5〉では，「〜のだ」のように，難しいと言われる文法項目でも，やさしい部分と難しい部分があることを明らかにする。

〈1〉文法項目の習得とは？

形が作れることとそれが使えることは違う

　受動文，勧誘表現，「〜のだ」といったさまざまな文法項目の習得には，2つの側面がある。1つはその形が作れるようになることであり，もう1つはそれが使えるようになることである。

　受動文を例にすると，形が作れるというのは，（1）のような能動文から（2）のような受動文を作れるといったことである。

　（1）　山田さんは田中さんをパーティに誘いました。
　（2）　田中さんは山田さんにパーティに誘われました。

　一方，その形が使えるというのは，どんなときに受動文を使うのかが分かっているということである。例えば，実際の会話の中で，（3）のような文ではなく（4）のような文が使えるということである。

　（3）　今度の土曜日は出かけます。*山田さんは私をパーティに誘いましたから。
　（4）　今度の土曜日は出かけます。山田さんにパーティに誘われましたから。

　文法項目のこのような2つの側面を難易度ということから見ると，一般的には，形を作ることのほうが簡単で，その形を使えるようになることのほうが難しい。例えば，受動文の作り方はふつう初級レベルの文法項目になっていて，中級や上級レベルの学習者は習得していることが多いが，それを適切に使うのは，中級や上級の学習者でもかなり難しい。（5）は，「日本人にアメリカのどこから来たかと聞かれて」のような受動文が使えなかった誤用例である。

　（5）　日本人はアメリカのどこから来たについて聞いて，アメリカ人じゃありませんから，困っていました。

（田中（1995：p.157）：英語話者，中級前期）

　ここで見たような文法項目の2つの側面は，ほとんどの文法項目に見られるものであるが，どちらかの側面が強い文法項目もある。

例えば、テ形という文法項目は、「書いて」や「読んで」の形の作り方という側面が強い。テ形の使い方が問題になるのは、テ形そのものというより、「～ている」や「～てください」のようなテ形を使ったさまざまな表現のレベルだからである。また、「山田さんが買ったカメラ」のような名詞修飾も、形の作り方が大事な文法項目である。どういうときに名詞を修飾する形を使うのかは、どの言語でもかなり共通していて、大きな問題にならないからである。

反対に、場所を表す「に」と「で」は、その使い方が重要になる文法項目である。形の作り方は、それぞれ名詞に「に」と「で」をつけるだけであり、難しくないからである。また、「すっかり」や「さぞ」のような副詞も、形の作り方より使い方が難しい文法項目である。副詞の形は、あまり体系性がなく、1つ1つ覚えなければならないので、学習者にとっては負担だろうが、形の面での問題は、それぞれの形を覚えているかどうかだけであり、特に難しい点はない。

使えるというのは対立を習得することである

文法項目の2つの側面のうち、形を作るほうは、習得も比較的、楽であり、習得しているかどうかを調べるのも簡単である。それに対して、その形が使えるかどうかという面は、習得が難しく、習得しているかどうかを判断するのも難しい。

文法項目の「使える」という面を考えるとき、大事なのは、2つ、あるいはそれ以上の似ている形の互いの「対立」ということである。例えば、受動文を例にすると、受動文が適切に使えるかどうかというのは、能動文と受動文を適切に使い分けられるかどうかということである。つまり、能動文と受動文の対立の仕方をきちんと把握できているかどうかということである。

難しいとされる文法項目は、2つかそれ以上の形の対立になっていることが多い。例えば、主語を表す「は」と「が」、場所を表す「に」と「で」、推定を表す「らしい」と「ようだ」、仮定条件を表す「たら」と

「ば」と「と」と「なら」のようにである。このように，文法項目が，複数の形の対立として考えられることが多いのは，文法項目が使えるかどうかということは，対立の仕方を習得しているかどうかということだからである。

　文法項目の中には，「～ている」や「～のだ」のように，一見，対立する項目を持たないように見えるものもある。しかし，「食べている」のような形が使えるかどうかは，「食べる」のような形との使い分けができるかどうかが大事であり，「食べたのだ」のような形が使えるかどうかは，「食べた」のような形との使い分けができるかどうかが大事である。つまり，このような文法項目についても，使えるかどうかは，対立を習得しているかどうかにかかっていると言える。

対立を習得するというのは共起関係を習得することである

　対立を習得するというのは，多くの場合，意味の違いを習得するということではない。習得が難しい文法項目というのは，「は」と「が」にしても，「らしい」と「ようだ」にしても，2つかそれ以上の形がほとんど同じ意味を持っているものだからである。

　ということは，対立を習得するというのは，意味の違いを習得することではなく，対立するそれぞれの形が使われる条件の違いを習得することだということになる。

　例えば，場所を表す「に」と「で」の場合でいうと，述語がどんなものかという条件によって，「に」を使うか「で」を使うかが決まる。具体的には，述語が存在を表すときは「に」を使い，述語が存在を表すのでないとき，つまり動作や出来事，状態を表すときには「で」を使うということである。

　これは，対立する形の使い分けが，同じ文の中に表れる他の要素がどんなものかによって決まるということである。言い換えれば，どんな形とどんな形がいっしょに表れやすいか，あるいは，表れにくいかという「共起関係」によって決まるということである。

共起関係は，広い意味では，文の中だけの問題ではないと考えることもできる。前後の文脈や発話するときの状況との関係を含めて考えるということである。

　例えば，「のだ（んだ）」を例にすると，「バスで行くんですか」と「バスで行きますか」の対立は，文の中の共起関係だけでは決まらない。「のだ（んだ）」以外の要素がまったく同じだからである。この2つの形の使い分けには，発話の状況という，文の外の要素との共起関係が絡んでくる。「バスで行くんですか」は聞き手がバスで行こうとしていることがはっきり分かる状況で使われるのに対して，「バスで行きますか」は聞き手がバスで行こうとしていることがはっきり分かるわけではない状況で使われるからである。

　このように，文法項目が使えるようになるというのは，多くの場合，対立を習得することであり，それは結局，共起関係を習得することだと言える。

〈2〉形態に関する難易度仮説

形態に関する2条件

　文法項目の習得には，形が作れることと，それが使えることの2つの面があることを，前の〈1〉で述べた。〈2〉では，そのうち，形を作る面に焦点を当てて，どんな形を作るのがやさしく，どんな形を作るのが難しいかを見ていこう。

　ここでは，形の作り方，つまり形態に関する難易度について，次の2つの仮説を立てる。

表1　形態に関する難易度仮説

広狭条件	広い範囲に適用できる文法規則はやさしく，狭い範囲にしか適用できない文法規則は難しい
大小条件	語など小さな単位の形態はやさしく，節など大きな単位の形態は難しい

それでは，形態に関する難易度仮説として，広狭条件と大小条件を順に見ていこう。

広狭条件

広狭条件というのは，広い範囲に適用できる文法規則で作る形態は習得がやさしく，狭い範囲にしか適用できない文法規則で作る形態は習得が難しいというものである。これは，規則的なものはやさしく，不規則なものは難しいと言い換えてもよい。

例えば，過去を表す形態を考えてみよう。「書きました」「読みました」のような丁寧体の過去形は習得がやさしいが，「書いた」「読んだ」のような普通体の過去形は習得が難しい。

その違いは，文法規則の適用範囲の広さから来ると考えられる。丁寧体の過去形を作る規則は，「書きます」のような丁寧体の動詞の「す」を「した」に変えるというものであるが，これは，すべての動詞に適用される，適用範囲の広いものである。

それに対して，普通体の過去形を作る規則は，動詞の種類によって変わる。一段動詞の場合は，「見る」のような動詞の「る」を「た」に変え，五段動詞の場合は，表2のような5種類の規則によって語尾を変える。（このほか，「する」は「した」，「来る」は「来た」，五段動詞の「行く」は「行った」になる。）

表2　五段動詞の普通体過去形を作る規則

「く」で終わる動詞	「く」を「いた」に変える
「ぐ」で終わる動詞	「ぐ」を「いだ」に変える
「す」で終わる動詞	「す」を「した」に変える
「む」「ぶ」「ぬ」で終わる動詞	「む」「ぶ」「ぬ」を「んだ」に変える
「つ」「る」「う」で終わる動詞	「つ」「る」「う」を「った」に変える

このように細かく分かれている文法規則は適用範囲が狭く，習得が難しい。適用範囲が狭い規則というのは，どのような場合にどの規則を使うかという点に注意が必要で，複雑な処理を要求されるからである。

普通体の過去形の作り方は，「書いて」のようなテ形や，「書いたり」のようなタリ形，「書いたら」のようなタラ形の作り方と基本的に同じであるが，このような形の誤りは，中級ぐらいのレベルの学習者にも見られる。(6)は，中級の学習者が会話で「乗って」を「乗りて」と言った誤りの例である。

(6) あのいっしょに，あの電車に，〈ん〉<u>のりて</u>，〈ん〉倉敷に，降りて，〈ん〉いっしょに，あの，倉敷，に，のまわりに，あの，歩きました，　　（KYコーパス：英語話者，中級―中（EIM 07））

大小条件

大小条件というのは，語など小さな単位の形態を作るのはやさしく，節など大きな単位の形態を作るのは難しいというものである。

例えば，同じ名詞修飾でも，(7)のように，名詞＋「の」で修飾する形を作るほうがやさしく，(8)のように，節で修飾する形を作るほうが難しい。

(7) <u>中村さんの</u>プリンタ

(8) <u>中村さんが買った</u>プリンタ

それは，大きな単位の形を作るときのほうが，複数の複雑な処理をしなければならないことが多いからである。(8)の例でいうと，このような名詞修飾節には「は」が出てこないので，「中村さんは」ではなく「中村さんが」にしなければならないとか，丁寧さを表す「です」「ます」も出てこないので，「買いました」ではなく「買った」にしなければならないといった処理である。

(9)は，「分かりません」を「分からない」にする処理と，名詞を修飾するときは動詞の後に「の」を入れないという処理ができていない例である。

（9）　わかりませんのことばは時辞書がすぐしらべます。

　　　　　　　　　　（寺村（1990：p.363, 6147）：フィンランド，自由作文）

　このように考えてくると，大きな単位の形を作る場合でも，複数の複雑な処理が必要でない形を作るのは，難しくないことが予想される。

　例えば，(10)のような平叙文から(11)のような質問文（疑問文）を作るのも，(12)のような能動文から(13)のような受動文を作るのも，文単位の形を作るということでは同じである。

　（10）　山田さんは田中さんをパーティに誘いました。
　（11）　山田さんは田中さんをパーティに誘いましたか。
　（12）　山田さんは田中さんをパーティに誘いました。
　（13）　田中さんは山田さんにパーティに誘われました。

　しかし，質問文を作るほうがやさしく，受動文を作るほうが難しい。それは，それぞれの処理の複雑さに大きな違いがあるからである。平叙文を質問文にするのは，「か」をつけるとか，文末を上昇イントネーションにするといった局部的な処理で済むが，能動文を受動文にするには，動詞の形を変えたり，格助詞を変えたり，語順を変えたり，文全体にわたる複雑な処理が必要である。

　このように考えると，大小条件というのは，単に，作ろうとする形が小さな単位か大きな単位かというより，小さな単位の局部的な処理で済むのか，大きな単位の全体にわたる複雑な処理が必要かという違いによるものだということになる。

〈3〉対立に関する難易度仮説

対立に関する2条件

　前の〈2〉では，形を作るときの難易度について見た。〈3〉と〈4〉では，複数の形を使い分けるときの難易度について見ていこう。〈3〉では，複数の形の対立の仕方がどのようになっているときにやさしく，どのようになっているときに難しいかを考える。次の〈4〉では，使い分けを

決める共起の条件がどのようになっているとやさしく，どのようになっているとむずかしいのかを考える。

対立に関する難易度については，次の2つの仮説を立てる。

表3　対立に関する難易度仮説

軽重条件	多くの言語にある重要な対立はやさしく，個別の言語にたまたまあるような，重要でない対立は難しい
異同条件	形も意味もはっきり違う対立はやさしく，形や意味がよく似ている対立は難しい

それでは，対立に関する難易度仮説として，軽重条件と異同条件を順に見ていこう。

軽重条件

軽重条件というのは，多くの言語に見られる重要な対立は習得がやさしく，その言語にしか見られないような，重要でない対立は習得が難しいというものである。

例えば，「書く」のような肯定形と「書かない」のような否定形の対立は，多くの言語に見られる重要な対立なので，その使い分けの習得はやさしい。つまり，「行かなかった」ということを言いたいときに，「行きました」の形を使うか「行きませんでした」の形を選ぶかに迷ったり，間違えたりすることはほとんどないということである。

もちろん，肯定形と否定形といっても，副詞の「たまに」は肯定形と呼応し，「めったに」は否定形と呼応するというように，言語ごとに個別に決まっているような周辺的な文法規則は別であるが，肯定形と否定形の中心的な対立はやさしいと考えられる。

それに対して，「あげる」と「くれる」と「もらう」のような3つの動詞の対立は，日本語にたまたま見られる個別的な対立である。英語の'give'と'receive'のように，与えるほうが主語になる動詞と受け取るほう

が主語になる動詞という2つの動詞の対立がある言語はかなりあるが，3つの動詞の対立は非常に珍しい。日本語でも，ほかの動詞は，「貸す」と「借りる」や，「売る」と「買う」のように，2つの動詞の対立になっている。

「あげる」と「くれる」と「もらう」の場合は，与えるほうが主語になる動詞「あげる・くれる」と，受け取るほうが主語になる動詞「もらう」の対立に加えて，「あげる」と「くれる」の対立がある。「あげる」は，話し手に近いほうの人が話し手から遠いほうの人に与える場合に使われ，「くれる」は，話し手から遠いほうの人が話し手に近いほうの人に与える場合に使われる。

(14)は，「あげる」と「くれる」の対立が習得できていないと思われる誤用例である。

(14) いつもじぎょうがおわってから，せんせいは私にしゅくだいをあげました。

(寺村（1990：p.290, 4973）：インドネシア，自由作文)

異同条件

異同条件というのは，形も意味もはっきり違う対立は習得がやさしく，形や意味がよく似ている対立は習得が難しいというものである。

例えば，(15)のような「しなければならない」と(16)のような「したい」は，形も意味もはっきり違うので，この2つを混同することはほとんど考えられない。

(15) 7時までに帰らなければなりません。
(16) 7時までに帰りたいです。

それに対して，(17)のような「んじゃないですか」と，(18)のような「じゃないですか」は，形も意味もかなり似ているので，習得が難しい。

(17) 木村さんも行きたがっていたんじゃないですか。
(18) 木村さんも行きたがっていたじゃないですか。

(17)の「んじゃないですか」は，話し手が「木村さんも行きたがってい

た」ということを推定し，それを聞き手に問いかけるようなときに使われる。それに対して，(18)の「じゃないですか」は，聞き手が「木村さんも行きたがっていた」ということを知っているはずなのに今は認識していないようなので，話し手が聞き手にそれを認識させるようなときに使われる。(「んじゃないか」と「じゃないか」の違いについては，安達（1999）が詳しい。)

(17)のような，自分の推定を相手に問いかける文では，述語が動詞・形容詞の場合，かならず「～んじゃないですか」の形になる。一方，(18)のような，相手に認識を要求する文では，述語が動詞・形容詞でも，「ん」のない「～じゃないですか」の形になることが多い。ただし，認識要求の文でも，焦点をはっきり示したい場合は，「～んじゃないですか」の形になる。例えば，(19)は認識要求の文であるが，「あなたが」を焦点として，「行こうと言いだしたのはあなただ」ということを言おうとする文であるため，焦点を表す「のだ（んだ）」が入って，「～んじゃないですか」になっている。

(19)　あなたが行こうと言いだしたんじゃないですか。

このように，自分の推定を相手に問いかける「んじゃないですか」と相手に認識を要求する「じゃないですか」は，形も意味も似ているため，上級やそれ以上のレベルの学習者でも，「～じゃないですか」を「～んじゃないですか」と言う，(20)のような不自然な文を作ることがある。

(20)　母語話者：なんか最近のニュースでね，印象に残ってるとかっていうニュースありますか

　　　　学習者：んーまあー，一応学校だから，〈ええ〉やっぱりいじめのこととか，〈あー〉体罰のことも最近すごく出たんじゃないですか，〈うんうん〉いじめられた自殺，〈うん〉の話しとかね，〈うん〉あれはもう結構AET達の間でも話題になります，

　　　　　　　（KYコーパス：英語話者，上級―上（EAH 08））

〈4〉共起に関する難易度仮説

共起に関する4条件

前の〈3〉では,複数の形の対立の仕方がどのようになっているときにやさしく,どのようになっているときに難しいかを考えた。〈4〉では,使い分けを決める共起の条件がどのようになっているとやさしく,どのようになっていると難しいのかを考える。

共起に関する難易度については,次の4つの仮説を立てる。

表4 共起に関する難易度仮説

遠近条件	近くにある要素で決まる対立はやさしく,遠くにある要素で決まる対立は難しい
前後条件	前にある要素で決まる対立はやさしく,後にある要素で決まる対立は難しい
内外条件	文の中だけで決まる対立はやさしく,文の外の情報で決まる対立は難しい
単複条件	1つの規則で決まる対立はやさしく,複数の規則で決まる対立は難しい

それでは,共起に関する難易度仮説として,遠近条件,前後条件,内外条件,単複条件を順に見ていこう。

遠近条件

遠近条件というのは,近くにある要素との共起関係で決まる対立は習得がやさしく,遠くにある要素との共起関係で決まる対立は習得が難しいというものである。

この条件によると,時を表す名詞に「に」をつけるかどうかのほうがやさしく,動詞の「ある」と「いる」の使い分けのほうが難しいことが予想される。

時を表す名詞に「に」をつけるかつけないかは,「に」のすぐ前にある

時を表す名詞によって決まる。「10時」のように，絶対的な時を表す名詞には「に」をつけ，「おとといのように，現在を基準にした相対的な時を表す名詞には「に」をつけないというふうにである。

これを図示すると，(21)，(22)のようになる。

(21)　10時に来ました。

(22)　おとといφ来ました。

このように，時を表す名詞に「に」をつけるかどうかは，近くにある要素（時を表す名詞の種類）によって決まるので，習得は比較的やさしいと考えられる。

それに対して，動詞の「ある」と「いる」の使い分けは，その動詞から離れたところにある主格名詞（主語名詞）の種類によって決まる。主格名詞が「電話」のような「物」であれば，「ある」を使い，主格名詞が「田中さん」のような人や動物であれば，「いる」を使うというようにである。

これを図示すると，(23)，(24)のようになる。

(23)　電話はあそこにあります。

(24)　田中さんはあそこにいます。

このように，「ある」と「いる」の使い分けは，遠くにある要素（主格名詞の種類）によって決まるので，習得は比較的難しいと考えられる。

第2章の〈2〉で，学習者は「に」と「で」の使い分けをそのすぐ前に来る名詞の種類で決めようとする傾向があることを見たが，それは，遠近条件で説明できる。「に」と「で」の使い分けを，遠くにある動詞の種類で決めるより，すぐ近くにある名詞の種類（普通の名詞か，「〜の中」や「〜の外」などか）で決めるほうがやさしいからである。

前後条件

　前後条件というのは，問題の文法項目がそれより前にある要素との共起関係で決まる対立は習得がやさしく，後に来る要素との共起関係で決まる対立は習得が難しいというものである。

　この条件によると，動詞の「ある」と「いる」の使い分けのほうがやさしく，場所を表す「に」と「で」の使い分けのほうが難しいことが予想される。

　動詞の「ある」と「いる」の使い分けは，その動詞より前に出てくる主格名詞の種類によって決まる。図示すると，(25)，(26)のようになる。

　(25)　電話はあそこにあります。

　(26)　田中さんはあそこにいます。

　このように，動詞の「ある」と「いる」の使い分けは，前にある要素（主格名詞の種類）によって決まるので，習得は比較的やさしいと考えられる。

　それに対して，場所を表す「に」と「で」の使い分けは，「に」と「で」より後に出てくる動詞の種類によって決まる。動詞が存在を表すものであれば「に」を使い，そうでなければ「で」を使うというようにである。

　これを図示すると，(27)，(28)のようになる。

　(27)　あそこに電話があります。

　(28)　あそこで田中さんが待っています。

　このように，場所を表す「に」と「で」の使い分けは，後にある要素（動詞の種類）によって決まるので，習得は比較的難しいと考えられる。

　第2章の〈2〉で，学習者は「に」と「で」の使い分けをその前に来る名詞の種類で決めようとする傾向があることを見た。それは，遠近条件だけでなく，前後条件でも説明することができる。「に」と「で」の使い分

けを，後に来る動詞の種類で決めるより，前にある名詞の種類で決めるほうがやさしいからである。

内外条件

　内外条件というのは，文の中にある要素との共起関係だけで決まる対立は習得がやさしく，文脈や状況のような文の外にある情報で決まる対立は習得が難しいというものである。
　この条件によると，「会う」と「会った」のような動詞のテンスの使い分けのほうがやさしく，述語に「のだ」をつけるかどうかのほうが難しいことが予想される。
　テンスの使い分けは，ふつう，文脈や状況など文の外の情報によらずに決めることができる。未来の事態であれば「会う」のような形を使い，過去の事態であれば「会った」のような形を使うというふうにである。
　これを図示すると，(29)，(30)のようになる。

(29)　あした中村さんに会います。

(30)　きのう中村さんに会いました。

　このようなテンスの使い分けは，文の中だけで決まるので，習得は比較的やさしいと考えられる。
　それに対して，述語に「のだ」をつけるかどうかは，文の中の要素だけでは決まらない。聞き手が中村さんに会ったことを予想して，それを確認するのであれば，(31)のように「のだ（んだ）」をつけ，そのような予想がない単純な質問なら，(32)のように「のだ（んだ）」をつけないというようにである。

(31)　A：最近，中村さん，顔色がいいですね。
　　　B：中村さんに会ったんですか。

(32)　A：この前，和歌山に行って来ました。
　　　B：中村さんに会いましたか。

このように,「のだ」をつけるかどうかは,文の外の情報によって決まるので,習得は比較的難しいと考えられる。

第1章の〈4〉で,学習者はコ・ソ・アの使い分けをそのすぐ前に来る名詞の種類(抽象名詞か具体名詞か)で決めようとする傾向があることを見た。それは,内外条件で説明することができる。文脈指示の「その」と「あの」の使い分けを,「その」などの後に来る名詞を聞き手が知っているかどうかというような文の外の情報で決めるより,その名詞が抽象名詞か具体名詞かという,文の中の要素で決めるほうがやさしいからである。

単複条件

単複条件というのは,1つの規則だけで決まる対立は習得がやさしく,複数の規則で決まる対立は習得が難しいというものである。

この条件によると,助詞の「は」と「も」の使い分けのほうがやさしく,「は」と「が」の使い分けのほうが難しいことが予想される。

助詞の「は」と「も」の使い分けは,1つの規則だけで決まる。同類のものがなければ「は」を使い,同類のものがあれば「も」を使うというふうにである。

これを図示すると,(33),(34)のようになる。

(33) 高杉さんは,医者です。
　　　　　　　　　朝倉さんは看護婦です。

(34) 赤木さんは看護婦です。
　　　　　　　　　朝倉さんも看護婦です。

このような「は」と「も」の使い分けは,1つの規則だけで決まるので,習得は比較的やさしいと考えられる。

それに対して,「は」と「が」の使い分けは,1つの規則だけでは決まらない。複数の規則の組み合わせで決まる。その前の名詞が,(35)のように,前の文脈にでてきた名詞だと「は」になりやすく,(36)のように,前の文脈にでていない名詞だと「が」になりやすいとか,述語が,(35)のように,「終わる」や「行く」だと「は」になりやすく,(36)のように「来

る」や「始める」だと「が」になりやすいというようないくつかの規則の組み合わせで決まる。

 (35) その番組は3時に終わります。

 (36) 1時にお客さんが来ます。

このような「は」と「が」の使い分けは，複数の規則の組み合わせによって決まるので，習得は比較的難しいと考えられる。

学者者は，従属節の中でも，(37)のように「は」を使うことがあるが，これは，「私」には「は」がつきやすいという規則だけを使い，従属節の中では「は」が使われないという規則を使っていないからである。

 (37) 私は以前から関心を持ってきたことは国の経済発展と成長である。   （寺村（1990：p.409，6940）：インド，自由作文）

ここまで，共起に関する難易度仮説として，4つの条件をあげたが，実際には，個々の文法項目にさまざまな個別の条件が絡んでくるので，そんなに単純に難易度は決まらない。しかし，基底にはこのような4つの条件があると考えたい。

〈5〉難しい文法項目のやさしい部分

「～のだ」

全体として習得が難しいと言われている文法項目でも，習得がやさしい部分と難しい部分がある。ここでは，「～のだ」と，尊敬語・謙譲語を例にして，習得がやさしい部分と難しい部分があることを見ていこう。

「～のだ」は，前の〈4〉の「内外条件」のところで，習得が難しい文法項目の例としてあげたものである。「～のだ」が難しいのは，文の中だけの情報では決まらず文の外の情報が絡んでくるからである。

しかし，「のだ」をつけるかどうかの選択が文の中の情報だけで簡単に決まる場合がある。「のだ」をつけることが比較的，簡単に決まるのは，

次のような場合である。

 (38) 「どうして」や「なぜ」がある文
 (39) 「つまり」や「要するに」などで始まる文

(38)は、「どうして」や「なぜ」などがある文、つまり、理由を聞く質問文では「のだ」が必要だということである。例えば、(40)のような文である。

 (40) どうしてそんなに遠いところに住んでいるんですか。

そのほかの疑問語のある質問文でも「のだ」が必要なことが多い。特に、「だれが」や「なにが」を使って、主格が何であるかを聞く質問文では、「のだ」が必要なことが多い。(41)のような文である。

 (41) だれがそんなことを言ったんですか。

次に、(39)は、「つまり」や「要するに」などで始まり、前の文脈にあることをまとめたり、言い換えたりする文では「のだ」が必要だということである。例えば、(42)のような文である。

 (42) 村田は生まれてからずっと山中町に住んでいる。川上は大学生のとき、山中町に住んでいた。つまり、村田と川上は、4年間、すぐ近くに住んでいたのである。

そのほか、(43)の前置きの「～したいんですが、」のように、「のだ」を使うことがパターン化されているものもある。

 (43) 本町に行きたいんですが、どのバスに乗ったらいいですか。

このように、難しいとされる「のだ」についても、習得が比較的やさしい部分があるのである。(「のだ」については、野田(1997)が詳しい。)

尊敬語・謙譲語

「お帰りになる」のような尊敬語、「お誘いする」のような謙譲語も、習得が難しい文法項目と考えられている。

尊敬語・謙譲語が使えるようになるためには、次の3種類の知識を持っている必要がある。

 (44) 尊敬語・謙譲語の形の作り方

(45)　尊敬語と謙譲語の違い
　(46)　どんなときに尊敬語・謙譲語を使うのか
　最初の(44)の知識，つまり，形の作り方は，基本的に(47)や(48)のようなものであり，それほど難しくない。
　(47)　尊敬語の作り方
　　　　　お＋書き~~ます~~＋になる
　(48)　謙譲語の作り方
　　　　　お＋書き~~ます~~＋する
　この規則に従わない例外的な形，つまり，「お行きになる」にはならず「いらっしゃる」になるというようなものもあるが，例外的な形は限られているため，形の作り方自体は，非常に難しいというわけではない。
　次に，(45)の知識，つまり，尊敬語と謙譲語の違いも，理解にある程度の時間が必要だろうが，非常に難しいというほどのものではない。簡単にいうと，それらの違いは，だれを，上の人・親しくない人として扱うかの違いである。上の人・親しくない人として扱うのが主格なら尊敬語，主格以外なら謙譲語を使うということである。
　例えば，(49)では，主格の「木村先生」を上の人として扱っているので尊敬語の「ご説明になる」が使われる。(50)では，与格の「高橋先生」を上の人として扱っているので謙譲語の「ご説明する」が使われるのである。
　(49)　木村先生がご説明になりました。
　(50)　高橋先生にご説明しました。
　最後に，(46)の知識，つまり，どんなときに尊敬語・謙譲語を使うかは，非常に難しい。上の人・親しくない人として扱うかどうかは，話し手とその人の年齢や地位，互いの関係など，さまざまな条件によって変わるからである。尊敬語・謙譲語をどんなときにどの程度使うかは，母語話者でも，人によって大きく違い，迷う場合も多い。そのため，尊敬語・謙譲語の形の作り方や，尊敬語と謙譲語の違いのように，簡単な規則にすることができないのである。
　このように，尊敬語・謙譲語は，形の作り方はそれほど難しくないが，

実際にどのように使うのかが難しいので，結局，難しい文法項目ということになる。

　同じように難しい文法項目でも，「のだ」の場合は，「どうして」がある文では「のだ」を使うということを覚えれば，そのような文に限ってではあるが，「のだ」をきちんと習得できる。それに対して，尊敬語・謙譲語の場合は，形の作り方だけをきちんと習得していても，部分的に尊敬語・謙譲語が使えることにはならない。その点で，同じように難しい文法項目のやさしい部分と言っても，それぞれの位置づけは違うのである。

（野田尚史）

第7章

文法の理解と運用
「分かった」と「使える」は違う

　前の第6章では，どのような文法項目の習得がやさしく，どのような文法項目の習得が難しいかを考えた。しかし，習得がやさしいとか難しいとかいっても，どういう状態になれば習得されたと言えるのかは，また別の問題である。

　学習者が「分かった」と思っていても，会話や作文の中で実際に使うと，おかしな文になってしまうことが多い文法項目もある。また，表面的にはかなり使えるように見えても，学習者が独自に作り上げた文法にしたがっているだけで，きちんとした使い分けが分かっていないことが多い文法項目もある。

　この章では，このような，学習者の理解と運用のギャップを見ていきたい。はじめに，理解しているつもりでも運用が難しい文法項目として，主語などの省略を取り上げる。次に，かなり運用できているように見えても，きちんとした理解ができていない文法項目として，「は」と「が」を取り上げる。最後に，運用の難しさと理解の難しさの両面を持っている文法項目として，普通体の語形を取り上げる。

〈1〉 省略の理解と運用

[省略の理解と運用の失敗]

　日本語では、「～は」や「～が」「～を」などの格成分が省略されることがある。省略は難しい文法項目ではないため、初級教科書の最初の課から出てくることが多い。
　例えば、『みんなの日本語 初級Ⅰ 本冊』では、第1課に(1)のような会話がある。この会話では、答えの文で「あの方は」が省略されている。
　（1）　あの　方は　どなたですか。
　　　　　　…ワットさんです。さくら大学の　先生です。
　どの教科書でも、省略の説明は、「文脈から分かるときは省略できる」というような簡単なものである。
　この段階で、省略を理解するのは難しいことではない。実際、日本語のような省略を行わない英語を母語とする学習者でも、(2)の答えの文のように省略がない発話ばかりをする者はほとんどいない。
　（2）　あの方はどなたですか。
　　　　　　…あの方はワットさんです。彼はさくら大学の先生です。
　しかし、学習者が複雑な文を作るようになると、ほかのさまざまな文法項目が省略に絡んできて、省略を使いこなすのが難しくなってくる。
　例えば、(3)の2番目の文で「それで、ワンさんはときどき私に電話をかけます」と言いたいとする。
　（3）　ワンさんは最近、ホームシックです。<u>それで、ときどき電話をかけます</u>。
　この場合、「ワンさんは」や「私に」を省略して、このような文にするだけでは、「私がワンさんに」の意味になってしまう。
　また、(4)では、「首相」が2回出てくるので、2番目の「首相は」を省略したいと思うかもしれない。
　（4）　大統領は首相を非難して、首相は辞めました。
　しかし、ただ、「首相は」を省略しただけでは、大統領が辞めたことに

なってしまう。

省略を補う文法的手段

日本語で省略が多く行われるのは，省略されても何が省略されたのかが分かる文法的手段がたくさんあるからである。具体的には，（5）から（10）のような手段があげられる。

　　（5）　受益表現（「～てあげる」「～てくれる」など）
　　（6）　方向表現（「～てくる」）
　　（7）　尊敬表現（「お～になる」など）
　　（8）　謙譲表現（「お～する」など）
　　（9）　内面表現（「～たい」「～てほしい」など）
　　（10）　外面表現（「～がっている」「～らしい」など）

このうち，受益表現の「～てあげる」は，主格（主語，「～が」）が私（あるいは私に近い人）で，与格（「～に」）が私以外であることを表す。「～てくれる」は逆で，主格が私以外で，与格が私であることを表す。次の（11）と（12）には主格も与格もないが，それぞれ「てあげる」と「てくれる」が使われているので，（11）は「私はその人に」，（12）は「その人は私に」というようなものが省略されているのが分かる。

　　（11）　教えてあげました。
　　（12）　教えてくれました。

そのほか，方向表現，尊敬表現，外面表現は，主格が私以外であることを表し，謙譲表現と内面表現は，主格が私（あるいは私に近い人）であることを表す。

このような省略を補う手段を使わないで，「～が」や「～に」の省略だけを行うと，文の意味が違ってしまうことがある。

　　（13）　わからない時は老師がいつもやさしくおしえます。
　　　　　　　　　　　　　　（寺村（1990：p.289, 4967）：中国，自由作文）

（13）で言いたいのは，「老師が私に教える」ということである。この場合，単に「私に」を省略しただけでは，「老師が私以外の他の人に教える」

という意味になってしまう。「私に」を省略するためには,「おしえます」を「おしえてくれます」にしなければならない。

　この(13)と次の(14)を比べると,「私に」の省略をしていない(14)は,ぎこちない文かもしれないが,違う意味になることはない。

　　(14)　読ませたいと提案して,友人は私にこの本を借した。(ママ)

(寺村(1990：p.290, 4982)：香港,単文作文)

　前の(13)のように,「てくれる」が使えないのに「〜に」の省略をするのは,省略をしない(14)より問題があるということになる。

　このように,省略には他の文法項目が絡んでくることがあるので,省略の理解は簡単でも,実際の運用は難しい面がある。

省略の条件を整える文法的手段

　省略を行うためには,省略するのに適した条件を整えなければならないことがある。

　例えば,(15)では「ぼく」と「私」が計3回,「先生」が2回出てくる。

　　(15)　ぼくは先生に「しゅくだいをわすれました。すみません」といって先生がおこって私に「きょうしつのそとにいきなさい」といって私はいちにじゅうきょうしつのそとにたった。(ママ)

(田中(1995：p.160)：英語話者,中級前期)

　これらを省略しようと思い,2番目以降の「私」と「先生」を省略すると,(16)のように,まったく意味が分からない文になってしまう。

　　(16)　ぼくは先生に「しゅくだいをわすれました。すみません」といっておこって「きょうしつのそとにいきなさい」といっていちにじゅうきょうしつのそとにたった。

　これらの「私」や「先生」を省略するためには,文の構造を,例えば(17)のように変える必要がある。

　　(17)　ぼくは先生に「しゅくだいをわすれました。すみません」といったら,おこられて「きょうしつのそとにいきなさい」といわれて,いちにじゅうきょうしつのそとにたたされた。

(15)では，それぞれの従属節と主文の，主格と与格がばらばらになっていた。そのような状態で省略を行っても，何が省略されたかが分からない。省略をするためには，(17)のように，それぞれの従属節と主文の，主格と与格を同じにするために，受動態を使うなどの処理が必要なのである。

この例は，すでに前に出てきている「私」や「先生」という特定の名詞を省略するものだった。それに対して，だれなのか分からない不特定の名詞を省略したい場合がある。

例えば「電車の中でだれかが私の足を踏んだ」ということを言いたい場合である。だれが踏んだかは分からないので，特に「だれが」ということは言えないとか言う必要がないので省略したいという場合である。

その場合，(18)のように主格を省略しただけでは，「私がだれかの足を踏んだ」という意味になってしまう。

(18) 電車の中で足を踏んだ。

「だれかが私の足を踏んだ」ということを言いたい場合は，(19)のような受動態の文にしなければならない。

(19) 電車の中で足を踏まれた。

主格の省略は，すでに文脈に出てきたものなど，分かっている名詞の省略に限られる。「だれか」など，分かっていない名詞を省略したいときは，受動態などを使って，その名詞を主格でない形にしてから，省略しなければならないのである。

このように，省略をするためには，受動態などを使って，省略の条件を整えてやる必要がある。そのような文法項目が習得されていなければ，適切な省略もできないのである。

談話の中での省略の運用

談話の中では，文脈や状況に支えられて，省略がたくさん行われる。特別の条件がないときは，省略は次のような原則に従って行われる。

(20) 平叙文では，1人称（「私」など）の主格は省略される。

(21) 質問文では，2人称（「あなた」など）の主格は省略される。

(22) 前の文で話題になっていたものが主格のとき，その主格は省略される。

このうち，(20)と(21)の原則が競合することはないが，(20)と(22)が競合したり，(21)と(22)が競合したりすることはある。

例えば，(23)の学習者の2番目の発話「まだ，結婚しません？」は，聞き手である「先生」のことを聞いている。学習者は，(21)の原則に従って「先生はまだ，結婚しません？」の「先生は」を省略している。

(23) 　　学習者：先生のご家族は何人家族ですか
　　　　　母語話者：今は一人ですけど，〈はい〉名古屋に両親がいます，妹はもう結婚しました
　　　　　学習者：まだ，結婚しません
　　　　　母語話者：はい，〈はい〉私はね，……［省略］……
　　　　　　　　　　　　　(KYコーパス：韓国語話者，中級―中 (KIM 02))

しかし，前の文で「妹」が話題になっているので，(22)の原則に従うと，「妹さんはまだ結婚しません？」の「妹さんは」が省略されたということも考えられる。この場合，「妹さんは」の省略では，前の文の内容と矛盾することになってしまうが，このように他のものの省略の可能性があるときは，省略しないで，「先生はまだ，結婚しません？」にするほうが分かりやすい。

このように，談話の中での省略も，適切に運用するためには，複雑な処理が要求される。

〈2〉「は」と「が」の理解と運用

これまでの「は」と「が」の習得研究

「は」と「が」は，日本語学でも日本語教育でも関心が高いテーマであり，日本語学習者の習得研究でも多くの研究が行われてきた。(これまでの研究の多くは，八木 (1999) で知ることができる。)

これまでの「は」と「が」の習得研究では，「は」と「が」の正答率の

違いを問題にしているものが多い。そして，次のような結果を出している。

　(24)　「は」の正答率は高く，「が」の正答率は低い

　これは，(25)の(　)に正しく「は」を入れる学習者は多いが，(26)の(　)に正しく「が」を入れる学習者はそれより少なく，間違って「は」を入れる学習者がかなりいるというようなことから出てくる結果である。

　(25)　地球(　　)まるいです。
　　　　　　　　　(花田（1998）によると，中級学習者の正答率は76％)

　(26)　わたし(　　)にもつを持ちましょう。
　　　　　　　　　(花田（1998）によると，中級学習者の正答率は58％)

　もちろん，学習者のレベルが上がっていくと，それぞれの正答率も高くなっていく。それを模式図にすると，図1のようになる。

　「は」と「が」のこのような正答率の違いについては，例えば，(27)のような解釈をしているものが多い。

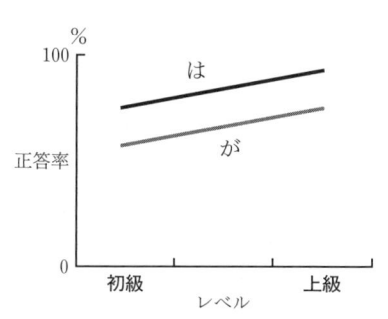

図1　「は」と「が」の習得（模式図）

　(27)　「は」の習得はやさしく，「が」の習得は難しい

　さらに進んで，八木（1999）では，(28)のような解釈をしている。

　(28)　主題の習得が先で，主格（主語）の習得は後になる

　しかし，第6章でも強調したように，「は」と「が」が習得されるというのは，「は」と「が」の対立が習得されるということでなければならないはずである。そうであれば，「は」の正答率が高いからと言って，「は」のほうが習得がやさしいとか，「は」のほうが理解されていると見るのは，非常に表面的な見かただということになる。

学習者独自の「は」と「が」の文法

　学習者がどれだけ「は」と「が」を習得しているかを調べるには，単に

穴埋めテストや作文や会話で，どれだけ正しく「は」や「が」が選択できたかを見るだけではいけない。具体的にどんな対立が習得され，どんな対立が習得できていないかを見なければならない。

穴埋めテストを例にすると，例えば，「は」か「が」を選ばせる(29)や(30)のような問題がたくさん並んだ穴埋めテストで，全部「は」を選んだ学習者がいるとする。

　　(29)　私(　　)山口町に住んでいます。
　　(30)　もうすぐバス(　　)来ます。

これまでの習得研究の中には，このような場合，「は」の正答率は100％で，「が」の正答率は0％と計算するものがある。しかし，その学習者が「は」を100％習得しているというのはおかしい。「は」にすべきところをすべて「は」にしていても，「が」にすべきところもすべて「は」にしているということは，「は」の使い方が分かっていないということである。

こんな極端な学習者はいないとしても，一般に「は」の正答率が高く，「が」の正答率が低いという結果が出るのは，主語らしいものがあったら「は」をつけるとか，「は」か「が」かよく分からないときは「は」を選ぶというような学習者独自の文法が作られているからだろう。

そのような学習者独自の文法が作られるのは，実際の文章・談話では「が」より「は」の出現率が高いことや，日本語教科書でも「は」が先に導入されるだけでなく，例文にも「が」より「は」が多く出てくるということが背景にあると考えられる。

つまり，「が」より「は」が早く確実に習得されるというようなことではなく，学習者には，主語には「は」をつけるとか，迷ったときは「が」ではなく「は」を使うという独自の文法があるということにすぎないのだと考えられる。

最近では，単に正答率を問題にするのではなく，どうしてその助詞を選んだかというフォローアップインタビューを行って，学習者の理解を確かめる研究が出てきている。花田（1998）や八木（2000）などである。それ

らを見ると，初級や中級の段階では，主語には「は」をつけるというような，間違った理解をしている学習者がかなりいることが分かる。

「は」と「が」の対立

「は」と「が」という文法項目については，表1のような対立を考えておく必要がある。(詳しいことは，野田 (1996) で述べられている。)

表1　主題の対立と格の対立

主題＼格	ガ格（主格）	ヲ格（対格）	ニ格（位格）	デ格
非主題	〜が	〜を	〜に	〜で
主題	〜は	〜は	〜には	〜では

表1の上下の対立は，主題か主題でないかの対立である。ガ格の成分が非主題のときは「〜が」になり，主題のときは「〜は」になり，ニ格の成分が非主題のときは「〜に」になり，主題のときは「〜には」になるといった対立である。「は」と「が」の問題というのは，「は」と「が」だけではなく，この表の上下の対立すべてにわたるものである。

一方，この表の左右の対立は，格の対立である。格の対立は，「は」と「が」の問題とは直接には関係のない，別のことである。しかし，これまでの習得研究では，「は」と「が」と「を」の習得順序を調査するというように，主題と格という，まったく別の対立をいっしょに考えている場合が多い。そのような混乱を避けるために，主題・非主題の対立と格の対立の位置づけを確認しておく必要がある。

「は」と「が」の穴埋めテストの解釈

学習者が「は」と「が」の対立を習得しているかどうかに関連して，穴埋めテストでどこまでのことが分かるかを，以下の4つの例について考えてみよう。

1つ目は，(31)の（　）に「は」か「が」を入れる穴埋めテストの例で

ある。ここに正しく「は」を入れた学習者は,「は」の主題の用法を習得していると言えるだろうか。

　　(31)　私(　　)広島大学の学生です。

このテストだけでこの学習者が「は」の主題の用法を習得しているとは言えない。この学習者は,単に,主語には「は」をつけるとか,文頭の「私」には「は」をつけるというような学習者独自の文法を持っているだけかもしれないからである。

2つ目は,(32)のテストである。ここに正しい「が」を入れられず,「は」を入れた学習者は,「が」を習得していないと言えるだろうか。

　　(32)　私(　　)遊んでいるとき,山田さんは勉強していました。

この場合,「が」を習得していないというより,「は」を習得していないと考えたほうがいいだろう。「～とき」のような従属節の中では「は」が使われないことを習得していないからである。

3つ目は,(33)のテストである。ここに正しく「が」を入れた学習者は,「が」の対象(目的語)の用法を習得していると言えるだろうか。

　　(33)　私は紅茶(　　)好きです。

このテストからは,「が」の対象の用法を習得していると言えるだろう。しかし,それは,「は」と「が」の選択,つまり主題と非主題の対立とはまったく別のことである。この(　)に「を」ではなく「が」を入れられたというのは,格の選択が正しくできたということにすぎない。「は」と「が」の選択については,このテストだけでは判断できない。

4つ目は,(34)のテストである。両方の(　)に正しく「は」を入れた学習者は,「は」の対比の用法を習得していると言えるだろうか。

　　(34)　私は紅茶(　　)好きですが,コーヒー(　　)好きではありません。

この学習者は,「名詞$_1$は……が,名詞$_2$は……。」という形で2つの名詞が対比される場合の対比の「は」は習得している可能性が高いと考えられる。ただし,前の(33)のテストで正しく「が」を選んでいるという前提での話である。もし(33)で「は」を選んでいれば,対比になる(34)の場合と

対比にならない(33)の場合の対立を習得していないということであり，「は」の対比の用法を習得しているとは言えない。

「は」と「が」の対立の習得

「は」と「が」のような複雑な文法項目では，それぞれの学習者が何をどれだけ習得したかは，対立ということを考えて細かく見ていかなければならない。「は」を習得したとか「が」を習得したという言い方ができないのは当然であるが，「は」の主題の用法を習得したとか「が」の現象文の用法を習得したという言い方も適当ではない。

対立ということを考えると，例えば，次のような対立を習得しているかどうかという見方をするべきである。

(35) 主文の中と従属節の中の対立
(36) 主題を持つ文と持たない文の対立
(37) 格成分が主題の文と述語が主題の文の対立

(35)について説明すると，これは，単文や，複文の主文の中と，複文の従属節の中では主題の現れ方が違うことを習得しているかどうかということである。具体的に言うと，単文や主文の中には(38)のように主題の「は」が現れるが，従属節の中には(39)のように「は」が現れない（つまり「が」や「を」になる）という対立である。

(38) 高橋さんはカレーが好きです。
(39) 高橋さんが好きな食べ物はカレーです。

ただし，(35)の対立は，実際にはさらに細かく見ていかなければならない。従属節といってもさまざまなものがあるので，その1つ1つについて，主文の中とは違うことを習得しているかどうかを見る必要がある。

中級学習者を対象にした花田（1998）の調査では，名詞修飾節（連体修飾節）である(40)の「が」の正答率は86％であるのに対して，副詞節（連用修飾節）である(41)など3文の「が」の正答率は50％である。この結果から判断すると，名詞修飾節に比べ，副詞節のほうが主文との対立を習得していない学習者が多いということになる。

(40) 先生はわたし（ が ）書いた絵をほめてくれました。
(41) おばあさん（ が ）せんたくをしていると，大きな桃がながれてきました。

さらに，主文の中と従属節の中の対立を習得しているかどうかというときには，この対立が，他の対立，つまり，主題を持つ文と持たない文の対立に優先しているという序列を習得しているかどうかも大事である。

例えば，(42)の下線の部分は，従属節の中になければ，主題を持つ文になりやすい条件を持っており，（ ）の中には「は」が入るはずである。

(42) 地球（　　）丸いことを昔の人は知らなかった。

しかし，ここに「は」ではなく「が」が入るのは，主題を持つ文になりやすいという条件より従属節の中だという条件が優先するからである。

このように，「は」と「が」の選択にはさまざまな要因が絡んでおり，「は」の正答率が高いからと言って，「は」の使い方を理解しているとは言えないのである。(富田(1997)は，「は」と「が」の選択が1つの条件で決まる場合は正答率が高く，2つ以上の条件が競合する場合は正答率が低くなることを，穴埋めテストによる実験で確かめている。)

〈3〉普通体語形の理解と運用

|普通体語形の2つの用法|

動詞や形容詞などの述語には，「書きます」「静かです」のような丁寧体の語形と，「書く」「静かだ」のような普通体の語形の対立がある。

丁寧体の語形は，目上の人や親しくない人に向かって，丁寧に話すために使われる形だと言うことができる。それに対して，普通体の語形は，目下の人や親しい人に向かって，ぞんざいに話すために使われる形だと言うことができるだろうか。

たしかに，そのように使われることもある。例えば，(43)のような友だちどうしの会話に使われる普通体の語形はそうである。

(43) A：来週も来る？

B：わかんない。

　しかし，(44)のような独り言に使われる普通体語形や，(45)のような従属節に使われる普通体語形は，目下の人や親しい人に向かって，ぞんざいに話すために使われる形だとは言えない。

　　(44)　どうしようかなあ。
　　(45)　行く前に電話します。

　(44)のような独り言は，聞き手がどういう人かは問題にならない。独り言を言うときは，聞き手がいないからである。

　(45)では従属節の中で普通体の語形が使われているが，主文は「電話します」になっているので，聞き手は目上の人や親しくない人のはずである。そうすると，従属節の中で使われる普通体語形は，聞き手がどういう人かで決まるのではないということになる。従属節の中で普通体語形が使われるのは，従属節の中では，聞き手がどんな人かを問題にしないためだと考えられる。

　このように考えると，普通体の語形には，大きく分けて，(46)と(47)の2つの用法があるということになる。

　　(46)　聞き手目当ての用法（聞き手が目下や親しい人のときに使う）
　　(47)　聞き手を考えない用法（聞き手を意識しないときに使う）

　結論を先に言うと，聞き手目当ての用法は，理解するのはやさしいが，実際に運用するのは難しい。それに対して，聞き手を考えない用法は，表面的には運用できているように見えても，はっきり理解しているわけではないと考えられる。

聞き手目当ての普通体語形の運用

　聞き手目当ての普通体語形の用法というのは，目下の人や親しい人に向かって，ぞんざいに話すために使われる用法である。この用法に限れば，聞き手が目上や親しくない人であれば丁寧体語形，目下や親しい人であれば普通体語形というように，分かりやすい対立になっているため，理解するのは簡単である。

しかし，実際に普通体で話そうとすると，たくさんの問題が出てくる。例えば，丁寧体で話している(48)を機械的に普通体に変えると，(49)のようになる。

(48) はい，あのー日曜日は…うん，9時ぐらい，起きてー，10時からは，歴史，France，の歴史があります。あとはー2時半がらー日本語が，あります。あとー日曜日，footballの練習，がありません。だから，たくさん宿題を，します。

（「日本語会話データベースの構築と談話分析」：英語話者，日本の高校で10か月の日本語学習歴（プリンストン大学，R.D.））

(49) はい，あのー日曜日は…うん，9時ぐらい，起きてー，10時からは，歴史，France，の歴史がある。あとはー2時半がらー日本語が，ある。あとー日曜日，footballの練習，がない。だから，たくさん宿題を，する。

普通体の(49)は，丁寧体の(48)に比べ，かなりぎこちない感じがする。普通体の会話を自然にするためには，文末に終助詞の「ね」や「よ」をつけたり，説明を表すと言われる「のだ」や「わけだ」をつけたり，「～て，……」や「～けど，……」といった形で文を続け，言い切りを少なくしなければならない。また，普通体で話す以上，地域の方言を使わなければ，違和感がある場合もある。そうすると，(49)は，例えば(50)のようにしなければならなくなる。

(50) はい，あのー日曜日は…うん，9時ぐらい，起きてー，10時からは，歴史，France，の歴史があって，あとはー2時半がらー日本語が，あるんや。あとー日曜日，footballの練習，がないから，たくさん宿題を，するんや。

このように，聞き手目当ての普通体語形は，理解するのは簡単であるが，実際にそれを運用しようとすると，機械的に丁寧体語形を普通体語形に変える以外にたくさんの処理が必要であり，難しいのである。

そのため，日本語教科書のほとんどは，普通体語形の導入に，聞き手目当ての用法ではなく，次に見る，聞き手を考えない用法を使っている。

聞き手を考えない普通体語形の運用

　聞き手を考えない普通体語形の用法というのは，聞き手を意識しないときに使われる用法である。この用法と考えられるのは，従属節の中で使われる普通体語形や，独り言を言うときの普通体語形である。

　日本語教科書のほとんどは，従属節の中の普通体語形など，聞き手を考えない用法の普通体語形を，普通体語形の導入に使っている。

　例えば，『みんなの日本語 初級Ｉ本冊』を例にすると，第18課で「〜ことができます」などの文型で辞書形を導入し，第19課で「〜ことがあります」などの文型でタ形を導入する。その後，第20課で，聞き手目当ての普通体語形を使った会話を提示している。

　日本語教科書のほとんどが，普通体語形の導入に聞き手を考えない用法を使っているのは，文型としてとらえやすく，パターンとして覚えやすいからだろう。

　たしかに，このような用法は，練習すれば定着しやすく，表面的にはきちんと使えるようになったと思われやすいだろう。しかし，それは，なぜ従属節では普通体語形を使うのかという理解がないまま，表面的に運用できているように見えているだけではないかと考えられる。

　聞き手を考えない普通体語形の理解ができていないことは，(51)の「どうやっていけばいいんですか」のような誤用が，高度な日本語能力を持った学習者にもよく見られることから推測される。

(51)　……［省略］……でそんなかで私のほう特に教育のこと，〈んー〉こ，教育のこと，別に学校教育と社会教育と具体的に，そんな詳しい区分けは，しないん，ですけれども，やっぱり教育全体ですね，〈はい〉これから中国の発展していく中で，教育を<u>どうやっていけばいいんですか</u>，〈んー〉んー，そのためには私はいろいろな手段で，あのー，中国の教育界，の情報を集めてるんですけれども，〈んー〉んー問題がやっぱりたくさんありますね，〈えー〉ん，それを，ちょっといろいろ議論して，〈ん〉一緒に議論してくれる人が，〈ん〉みんな忙しいこともありまし

て，〈あー〉できないことが残念やなと思ってます

(KYコーパス：中国語話者，上級―上（CAH 05））

　(51)の「どうやっていけばいいんですか」は，普通体語形の「どうやっていけばいいのか」にしなければならない。この文は，相手に「どうやっていけばいいのか」と質問しているわけではない。「どうやっていけばいいのかを考えるために，私はいろいろな手段で中国の教育界の情報を集めている」ということを言いたいのである。つまり，「どうやっていけばいいんですか」の部分は，従属節の中と同じように，聞き手を意識していないので，普通体の語形が使われるのである。このようなときに丁寧体の語形を使ってしまう誤用は，日本語学や日本文学を専攻している大学院生のような，非常に高い日本語能力を持った学習者にもかなり見られる。

　このように，聞き手を考えない普通体語形は，決まったパターンの従属節の中では使えても，なぜ普通体の語形を使うのかという理解がないため，応用がきかないのである。

談話の中での普通体語形の運用

　同じ聞き手に向かって，丁寧体で話している談話の中でも，文末がすべて丁寧体の語形になるわけではない。他の文に従属しているような文や，聞き手に伝えるという意識のない文では，普通体の語形が使われる。

　例えば，(52)は非常に日本語能力の高い学習者の発話であるが，下線の部分が普通体の語形になっている。

(52)　……［省略］……それから中国から，こう言いますと，中国は非常に遅れていますんで，自分のく国を豊かにしようとすれば，やはり進んだ技術と，おー進んだ設備が必要なわけですね，これが非常にお互いの利益が合うわけですね，一方的に日本が中国を援助するとか，えーといろんな，こう角度から支援するとかそういう意識も，それが日本の損には絶対ならないわけで，それから中国が日本から技術設備を取り入れるにしてもですね，また，中国の損には<u>ならない</u>，ええ，かな，お互い，の利益に

これは非常にあっているものだ，いいことだ，だからもう，これからも，ますますこう日関係は友好的な＊＊（面）になるんじゃないかと思います，長い歴史の流れからみればこれはもう必ずそうなると思います，……［省略］……

(KY コーパス：中国語話者，超級（CS 01））

(52)で普通体の語形が使われているのは，その次の「だから」に続いていく文だからである。「～から」という従属節の中と同じように，普通体の語形になっているのである。

(53)も，非常に日本語能力の高い学習者の発話であるが，下線の部分が普通体の語形になっている。

(53) 母語話者：あ，もう，〈{笑}〉名前はわかるんですけど，〈ええ{笑}〉あんまり田舎すぎて行ったことがないですね，え，じゃあ，もう，ずっとマンハッタンで生活してたのに，その，両親の実家に行くとすごく田舎で，すごいギャップもあったと思うんですけれども，あの，田舎の生活ってどう思いますか

学習者：あ田舎の生活はすごい，ま，都会とかに住んでますと，〈ええ〉あー日常生活とかえ，けっこう，精神的はまた違いますけど，なんか，すごいあのシンプル，〈うんうんうん〉な感じがしますんですね

(KY コーパス：英語話者，超級（ES 01））

(53)で普通体の語形が使われているのは，この文が，聞き手に伝えようとする文ではなく，自分の気持ちを反射的にことばにしたような文だからである。

このような適切な普通体の語形は，日本語能力があまり高くない学習者には難しい。(54)では，丁寧体の中に普通体の語形が混じっているが，(52)や(53)のような必然性がない。

(54) 母語話者：そうですか，長岡市で，教えていた時と東京で今教えているのと，あのーどう違うんですか

　　　　学習者：あのー長岡であのー，あー，会社，会社で，私のクラスだけがあった，〈はい〉えっと今，東京であー，いろいろクラスがあった，それ，あの会社，ごめんね，会社で行きたいんです，〈あーそうですか〉だから，あのー，あー，長岡で，あークラスの中に，ポスターが〈えー〉あったそれも沢山さしえがある，〈えー〉でもー東京で，ないです，〈あーそうですか，うんー〉だから，あーそのこと，長岡で，楽しかった，でも東京に楽しくする

　　　　　　　　　　　　（KYコーパス：英語話者，中級―中（EIM 06））

　この学習者の場合，客観的な事実は普通体の語形で述べ，自分の主張は丁寧体の語形で述べる傾向があるように見える。客観的な事実は，自分の主張の前提になる従属的なものなので，この傾向自体は不適切だとは言えない。ただ，文が短く切れているため，文末の普通体語形が目立ち，話し手の主張のようになってしまっていたり，最後の「楽しくする」が自分の主張なのに，丁寧体語形になっていないなどするために，全体として，普通体語形と丁寧体語形が意味もなく混用されているように感じられる。

　このように，談話の中で普通体語形と丁寧体語形を適切に運用するには，さまざまな要因が絡んでくるため，その習得は非常に難しいのである。

　　　　　　　　　　　　　　　　　　　　　　　　　　（野田尚史）

第8章

効果的な練習の方法
うまく習得してもらうには工夫がいる

　外国語の教え方にも流行があるようだ。批判され古いとされた方法が、また振り子が戻るように再注目をあびたり、逆に一斉を風靡(ふうび)した方法が信用されなくなったりもする。「この学習方法のほうが他の方法より効果がある」というようなことを証明するのは簡単ではない。教室での外国語学習の効果に作用する要因は多様で複雑だからである。動物実験であれば、2つのグループに分けて、異なるえさを与え、片方を病気にしてしまうこともゆるされているのだろうが、真剣に学ぶ学習者たちの一方のグループにおそらく効果がないであろうという仮説を試みることは道義的にゆるされない。また、等質のグループに分け等質の授業を行うことは、ほとんど不可能である。学習効果の研究は短期間では分からず、1年後、2年後にどう影響するのかというような長期間の比較が必要である。クラスの人間が1人違ってもそのクラスの学習活動はがらりと違ってしまう。たとえ同じ教師が2つのグループに教えても同じ授業は2度とできない。人間を扱う研究の難しさだ。

　したがって、教育現場では、そう簡単には何々メソッド、何々アプローチといった理論のいずれかだけを信奉するなどということはしないのが普通である。何（どのような文法項目）をだれ（どのような学習タイプの人、どの程度の日本語習得の段階の人）にどのように教えるか、さまざまな教授法の「いいとこ取り」をしながら、総合的な判断をして、日々の学習活

動をデザインしているのが，教師の実態ではないだろうか。

　この章では，日本語のクラスで，実際にどのような工夫をしているのか，文法習得のための練習例を見てみよう。まず，練習方法と学習者の学習スタイルの関係について考えておく。その上で，文法への気づきを高めるための練習，それを定着させるための練習を見ていく。ただし，「効果的な練習方法」と考えられるものが誰にでも常に効果的だとは証明できていないことを断わっておく。

〈1〉時と場合によって変えたほうがいい練習方法

文法形式に焦点をあてる文法練習

　（1）　あした病院へ行きたいです。

　初級の文法練習として，教室で，願望表現の「～たい」を教えるとき，(1)のような「～たいです」という文型を使うことは多い。これによって，(2)のように動詞と「たい」をつなぐ文法形式を学ぶことになる。

　（2）　～ます　→　～たいです　例：行きます　→　行きたいです

　このように文法形式に焦点をあてた練習ドリルは初級の学習者にとってわかりやすく，形式を学ぶのに適している。

　しかし(1)の文は自然な日本語とはあまり感じられないだろう。ぶっきらぼうな印象を持つかもしれない。この文の後にどんな文が続くか想像してみてほしい。この1文を読んだだけで，その場の情景を想像し，この文の続きを作るのは，難しいだろう。独り言でもないし（独り言に「です」はつけない），かといって，相手に話しかけているようにも聞こえない。このような不自然な「～たいです。」という表現がどのような状況でなら自然になるのかは，この章での目的ではないので立ち入らないが，教室の中では，不自然なまま，例えば「あした何をしたいですか。」という問い（日常の日本語では，このような発話をする機会もめったにない）に答えるというような練習形式で使われる。文法形式に焦点をあてたこのような文法練習は，構文の基本的な形式を学ばせやすいからである。しかし，ど

んな場面でどのような意味で使用したらいいのか，あるいは，使用してはいけないのかなどは，これでは学ばれにくい。その結果，例えば，疑問文にして「私の料理が食べたいですか。」などと言って，母語話者は普通は使わない表現で，料理を勧めてくれたりすることになる。これは，「〜たいですか。」の形は作れても，会話の中でどう使えばいいのか，知らないためである。

実際のコミュニケーションでは話し手の気持ち（依頼したい，丁寧でありたい，など）を何らかの表現形式に託して発話している。その表現形式は形式的な文法練習の中で扱うのは難しく，そのため初級の文法中心の授業では無視されがちである。

特定の場面・機能の会話に焦点をあてた表現練習

　（3）　あした病院へ行きたいんですけど。

（3）の後続文としてなら，「授業休ませていただけませんか。」「どこかいい病院教えていただけませんか。」などという文が浮かんで来るのではないだろうか。（1）よりも後続文を想像しやすかっただろう。（3）の文の「〜たいんですけど。」のような表現は，実際の会話の中で，相手に許可を求めたり，アドバイスを求めたり，あるいは，誘いを断わったり，といった場面で使われる。

実際の会話の中では，自分の考えを述べるのに，躊躇したり，相手に配慮したり，困惑したり，感謝したりと，さまざまな話し手の気持ちを加えている。そうしなければ，自然な会話とはならない。

そこで，どのような場面で，どのようなことを言いたいときに何と言うか，実際の言語使用に焦点をあてた会話練習が注目されるようになるわけである。文法形式に焦点をあてた練習では習得されにくいこのような話し手の気持ちを反映する表現は，適切な文脈とともに会話練習をするとスムーズに習得できたりする。

上記の(3)は授業の欠席許可を得るという場面で，発話練習させたときに使った文である。学習後，学習者は許可願いの場面で，上手に「たいん

ですけど」と使えるようになっている。

　しかし，一方で，願望表現はすべて「たいんですけど」となってしまい，「んですけど」を使ってはいけない場面や，書きことばの中にまで，使用するという影響も出ている。これは習得の過程で修正していかなければならないが，修正できないままの学習者も多い。

　文法積み上げ式で学習してきた人はいつも(1)のような話し方をし，(3)のようなコミュニケーション重視の指導を受けてきた学習者はどんな場合にも「〜たいんです」と使って「〜たいです」が言えない，という印象を現場の教師は感じている。両者とも適切な形式が選べないでいる。教授法や教科書が異なるとまったく逆の傾向の誤用が出てくる場合があるのである。

骨格を担う文法と気持ちを担う文法

　(1)で見たように，初級の基本的文型はそれだけでは不自然で，いかにも学習者の日本語と感じさせるものである。初級で学ばれる基本的な構文を示す文法は，すべての表現の骨格として汎用性のあるものではあるが，骨格だけでは生きたものではありえず，肉や表情もつけて初めて実際に使用される日本語となる。教室では，(1)のような基本的な構文のルールだけではなく，(3)のような話者の気持ちを担うムード表現や使用方法などの両方を学ばせたい。

　文法積み上げのためのドリルは文法形式を正確にするために，ある程度は必要だと言われている。しかし，練習をおもしろくするのは難しく，また，機械的なドリルは意味を理解することよりも形式の方に関心が集中しがちである。また，これだけでは実際に使用できるようにはならない。

　一方，言語の使用を重視するコミュニケーション中心のクラスでは文法が不正確になるという心配もある。(1)と(3)のどちらの練習の方が文法を効果的に習得できるか，という判定はまだなされていない。この比較については，當作（1991）が興味深い。

　そこで，両方のやり方を授業に取り込むのが，現実的で効率的なのでは

ないかと考える。以下のようにまとめられよう。

> A　文の骨格を担う文法────→A′　文法形式に焦点をあてる練習
> 　　（格助詞，活用，命題部分の構造など，初級の文法項目）
> B　話者の気持ちを担う文法→B′　場面に適した個々の表現に焦点
> 　　　　　　　　　　　　　　　　をあてる練習
> 　　（とりたて助詞，文末のムード表現，談話の中での文選択など，
> 　　中級・上級の文法項目）

学習タイプと文法習得

　教え方が効果的かどうかは証明が難しいと前述した。学習者には文字を見ながらでなければ頭に入らない「目型」学習者もいれば，音を聞いての学習はスムーズなのに文字を見ると頭が混乱してしまう「耳型」の学習者もいる。教師主導のクラスで学ぶのが好きな学習者がいる一方で，学習者中心のクラスでのほうがよく学べる学習者もいる。漢字圏の学習者と非漢字圏の学習者では語彙の難易が反対になる。例えば，「はじめる」より，「開始する」の方が中国語話者には簡単である。このように学習者は多様である。

　ここでは，特に，文法形式の好きな「論理派」と，実際の表現を覚えたい「場当たり派（こんな時はこう言うといちいち覚えていく）」に分けて考察してみたい。

A　文の骨格を担う文法 A′　文法形式に焦点をあてる練習	A　文の骨格を担う文法 B′　場面に適した個々の表現に焦点をあてる練習
B　話者の気持ちを担う文法 A′　文法形式に焦点をあてる練習	B　話者の気持ちを担う文法 B′　場面に適した個々の表現に焦点をあてる練習

図1　練習方法と文法項目

図1のAA′, BB′の組み合わせ（網掛けになっている部分）は効率がいい。学習者にはA′（文法形式に焦点をあてる練習）が得意なタイプ（形式の好きな「論理派」）と苦手なタイプ（実際の表現を覚えたい「場当たり派」）がある。「場当たり派」はB′（場面に適した個々の表現に焦点をあてる練習）で覚えていこうとする。一般的な初級教科書でとりあげられる多くの文法はA（骨格を担う文法）なので，「論理派」タイプの学習者は「よくできる」が「場当たり派」は「あまりできない」ということになる。一方，対人関係のコミュニケーションに必要な文法（話者の気持ちを担う文法）Bは形式に焦点をおいた練習（A′）をしても効率は悪そうである。

　また，教師の方にも，A′, B′の教え方に好みや主義があったりする。

　そこで，具体的な解決方法として，Aを構文ドリルで，Bを会話ドリルでと，「いいとこ取り」で教えている例もある（*Situational Functional Japanese* 等）。多くの学習者は学習項目にあわせて練習方法をA′, B′とうまく切り替えているが，中には切り替えができない（つまずきが起こる）学習者もいる。

〈2〉学習者に文法を気づかせる

媒介語による解説の是非

　媒介語（例えば，英語や母語）による解説の是非については，結論はまだ出ていないと言える。媒介語を使わない直接法を主張する人は，媒介語を教室に持ち込むことはない。しかし，教室では直接法でも，自習用に文法解説を読ませるなど，現実には，臨機応変に組み合わせているのが実体であろう。海外の日本語教育では，学習者の母語で文法解説をおこない日本人教師が直接法で練習を担当するというように組み合わせる場合が多い。

　直接法の場合は学習者は自分でルールを探していくことになるので，間違えたルールを作らないように，文法の導入には細心の注意を払わなければならない。学習者は教室内でおこるすべての現象に意味を見つけ出そう

とするものである。

文型による導入

　わかりやすく見せようという工夫の1つに文法を文型として示すということがよくある。例えば，初級のテキストに，下の図のようなものがよく見られる。

つくえ	の	うえ		ほん		
かばん	の	なか	に	ペン	が	あります
いす	の	した		ノート		

　「〜に〜がある」という文型は，これで，スッキリと分かりやすく学習者の頭の中におさまるかに見える。そして，確かにクラス内のドリルはうまくいく。
　しかし，このような図から次のような誤解をする学習者もいる。
　（4）「の上に」「の中に」が'on', 'in'のような位置を表現する。
　このような誤解は文法テストや会話にも見られる（第2・3章参照）。
　（5）「が」は物の後につく。「は」は人につく。
　存在文の課の前に習った名詞文や動詞文が「私は」「田中さんは」というように人に「は」のつく形が多い場合にはこういう誤解も起こりうる。
　学習者は，いったん誤解したものを，また異なる例文に出会って，修正していく。「本は机の上にある」「女の人が窓の近くにいる」のような例文に接すると，先の「が」と物を結びつけた誤解は解けることになる。しかし，学習者によっては，いったん自分で作った自分にとっては合理的なルールが深く定着して，なかなか修正できない場合もある。
　したがって，このような文型による導入では，学習者が，示された例文からどのようなルールを考えるか想定し，どんな誤解がありうるかを承知しておくべきである。1つの文型の提示では，教室での機械的なパターンドリルは効率的にできても，文法の意味理解は不完全なままである。

例文の対立による気づき

　１つの文法知識を習得させるためには，その文法と対立するものを示さなければならないということは，前の章でも強調されているとおりだ。どのように提示するのか，どのようにその対立を練習で気づかせるのかについて考えよう。

［１］　格助詞の「に」と「で」

　下の［練習１］は「に」「で」に注目させるための練習で，この穴埋め形式は助詞の練習だけではなく，あらゆる文法練習によく使われるもので，教師にとっては作りやすい問題形式といえる。しかし，問題を解きながら，「に」「で」の意味の文法的対立を自然に学べるようにはなっていない。

　　［練習１］　電車の中（　　）本を読みました。
　　　　　　　　銀行（　　）行きます。
　　　　　　　　家（　　）帰りました。
　　　　　　　　部屋（　　）お茶を飲みました。

この練習問題には次の特徴がある。

　　（ａ）　学習者は文の最後まで読まず，（　）の前にある名詞の意味で「に」と「で」の選択をしようとする。
　　（ｂ）　文を最後まで読んでから，もう一度前に戻って，考え直すという複雑な操作をしなければ正解は入れられない。

　次に下の「に」と「で」の［練習２］を見てみよう。これは（　）の部分はテープの音声で，これを聞いたあとに解答用紙のａかｂかを選ぶ問題である。

　　［練習２］　（田中さんは部屋で）ａ．います。　ｂ．おちゃをのみました。
　　　　　　　　（あしたは図書館で）ａ．います。　ｂ．べんきょうします。
　　　　　　　　（大学の食堂に）　　ａ．いてください。ｂ．たべてください。
　　　　　　　　（電車の中で）　　　ａ．のります。　ｂ．本をよみます。

　　　　　　　　　　（『わくわく文法リスニング99　ワークシート』p.41）

　この練習では，文頭から後ろへ順に意味を考えていけばいい。逆戻りをする必要はない。そして，強制的に２つの動詞の中から答えを選ばされる。

学習者は動詞の意味を比較し，答えることにより，自然と「に」と「で」の使い分けのルールに気づけるようになっている。また，「電車の中で」などは，「の中に」と固定して覚えているものを壊す効果をねらっている。

　［練習1］と［練習2］を比較した場合，学習者の文法的気づきは［練習2］のほうが容易におこなわれると考えられる。
［2］「んです」
　最近は自然な日本語を初心者にも導入するために，日本語学習の初期（基本的な格助詞と動詞語彙が入った後あたり）に「のだ（んです）」文を導入するようになってきている。「んです」は同じ形式でも，いくつかの機能がある（第6章〈5〉参照）。授業で扱って，学習者がすぐにスムーズに使い始めるのは，［練習3］のような具体的な会話場面での定型的な表現である。まる覚えして使用している。

　［練習3］「どうしたんですか。」
　　　　　　「(頭がいたいんです。)病院へ行きたいんですけど。」
これは～～の部分を代入練習するドリルである。

　しかし，学習者によっては，文法を理解しないと気持ちが悪くて，落ち着かないタイプが必ずいる。そこで，文法も扱っておく必要がある。かといって，厳密な文法解説を長々としても日本語の学習を始めたばかりの人には分かりにくく無意味である。初級の学習者に「んです」の文法的意味を感じさせるための一例を手順にしたがって以下に示す。

〈手順1〉簡単な解説をする。例えば，「「んです」は，理由やその他の説明をしたり，相手に説明を要求したりするとき使うものだ」とし，次ページのようなイラストによって，「んです」がある場合とない場合の対立を示す。

　これにより，相手の事情が分かっていて，それを確認するときや，相手に事情を説明するときには「んです」を使うのが自然で，「行きます」と「行くんです」は同じではないということを認識させる。

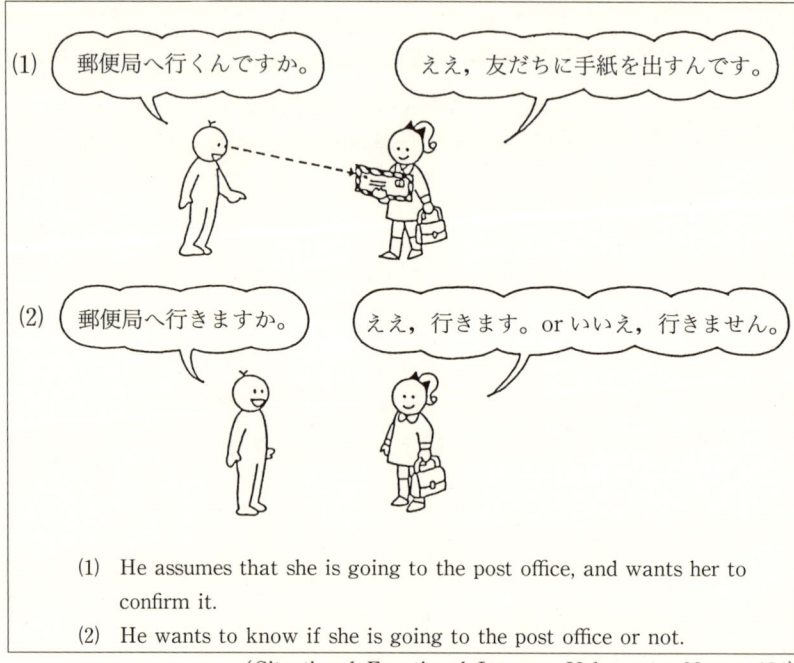

```
(1) 郵便局へ行くんですか。    ええ、友だちに手紙を出すんです。

(2) 郵便局へ行きますか。    ええ、行きます。or いいえ、行きません。

(1) He assumes that she is going to the post office, and wants her to
    confirm it.
(2) He wants to know if she is going to the post office or not.
```
(*Situational Functional Japanese Volume 1 : Notes* p.124)

〈手順2〉「んです」の接続形式を整理する。

　　　　　普通体　＋　んです
　　　　　→　（出すんです　出したんです　出さないんです等）
　　　　　例外の形式を注意する。
　　　　　（病気だ　→　病気なんです*。　有名だ　→　有名なんです。）
　　　　　＊この場合，学習者はよく「〜なんです」を「何です」と間違える。

〈手順3〉構文の形式練習としては，［練習4］のように「どうして」「何」
　　　　　「どこ」など疑問詞の質問文に「んです」形式で答えさせる。

　［練習4］
　　　　A「京都へ行きますか」
　　　　B「いいえ，行きません。」
　　　　A「どうしてですか。」

B「国へ帰るんです。」

(*Situational Functional Japanese Volume 1 : Drills* p.98)

〈手順4〉「んです」の機能の例を下のようなイラストで示す。
〈手順5〉「んです」を使った例文と使わない例文の意味を比較させる。

1) As んです can be used to explain the reason for a situation without indicating it explicitly, (① and ③), it is a handy expression for making an excuse.

試験なんです。
しけん

2) Expressing confirmation for one's suspicions:②. After the doctor has confirmed what the patient had been suspecting, the patient reacts using んです.

かぜなんですか。

3) Showing surprise or irritation.

結婚するんですか。
けっこん

(*Situational Functional Japanese Volume 1 : Notes* p.159)

以下は「んです」を使っているかどうか，テープで12個の対話を聞きながら，チェックする練習問題で，学習者は対話の状況や意味を確認しながら，自然に「んです」を使う状況を理解していくようである。この問題は，分かりやすい対立にするために，「はい/いいえ」という答えですむ「んです」の不要な対話と，なんらかの事情説明のために「んです」が必要な対話を用意してある。

　　［練習5］　・男「どうした<u>んです</u>か。」女「頭が痛い<u>んです</u>。」
　　　　　　　・男「あした来ますか。」女「ええ，来ます。」
　　　　　　　・男「いいカメラですね。」女「ええ，先週買った<u>んです</u>。」
　　　　　　　・男「いっしょに食事しませんか。」女「あ，いいですね。行きましょう。」

　　　　　　　　　　　（『わくわく文法リスニング99　指導の手引き』p.84）

〈手順6〉具体的な場面を設定し，会話の表現形式として覚え，練習させる。
　この会話練習は上記の〈手順1～5〉が終わってからでなくとも，並行しながらやっていける。次の例は，授業を休んで病院へ行きたいと許可をもらう場面で使用する「んです」の会話例である。学習者はロールプレーをしながら体得していく。

　　［練習6］「あの，ちょっとよろしいですか。午後の授業のことな<u>んで</u><u>す</u>けど。」
　　　　　　「実は熱がある<u>んです</u>。病院へ行きたい<u>んです</u>が。」

　このような「んです」の導入の結果，学習者が口を開く「んです」は具体的な会話練習で覚えた定型的な表現が多いが，そのために，作文などでの理由表現で，「～からである」とすべきところを「～んです」としたり，自分の願望を述べる作文に，「～たい。」でいいところにも「～たいんです。」と書いてしまう例をよく見る。このような例は，「んです」を導入しない教科書で育った過去の学習者には見られなかった。教科書や指導の大きい影響と見ている。（筆者の機関では10年前に文法積み上げ式の教科書から，現在の *Situational Functional Japanese* に変えている。)

音声情報の利用

　文法への気づきを高めるために音声の持つ情報を使わない手はない。文字だけではわかりにくい文法も耳からだと，分かりやすくなる場合がある。

［１］　意味情報の焦点が反映したプロミネンス

　「は」と「が」の違いは何かという質問は早い時期から必ず出てくる。しかし，その違いを解説で示すのでは，学習者にとって負担である。いちばんわかりやすい用法である，新・旧情報についての簡単な説明だけしておけば，学習者のイライラも当分は収まる。そして，また新たな用法が出てきたときに，追加していけばいい。

　学習者には次のような対話を聞かせながら，「は」と「が」のいずれかを（　）に入れさせる。そして，どの情報が必要なのか，音声のプロミネンスとともに意識させる。このような問題を十数題やっていくうちに，情報によって「は」と「が」が選択されることに納得していくようである。

　　［練習７］　・A「あの，どちらさまでしょうか。」
　　　　　　　　B「あ，私（　は　）木村ともうします。」
　　　　　　　・A「あの，社長さん（　は　）いらっしゃいますか。」
　　　　　　　　B「あ，私（　が　）社長の木村ですが。何か。」

［２］　文法構造が反映したイントネーション

　　（６）　きのう買った本をなくした。

　文の中に埋め込まれた「連体修飾節」は特徴のあるイントネーションで話される。たとえば「きのう本を買った。」という文であれば「買った」は下降するが，（６）では「買った」は下降せず被修飾名詞の「本」はピッチが高くなる。そのため，耳型の学習者には，文字の連なりを見るよりも構造がわかりやすいかもしれない。また，主文の動作主は何をしたのか，という課題を与えて聞かせているうちに，修飾節の意味は聞き取れなくとも，「ともかくいちばん最後に主文の動作主のしたことは言われるのだ，これは簡単だ」というように認識するようである。

文体の違いへの気づき

　丁寧体（デスマス体）と普通体（ダ体）の使い分けは一筋縄ではいかない複雑なものである。具体的な受け手（聞き手）がいるか不特定多数が目当てか，話しことばか書きことばか，目上か目下か，親しいか疎遠か，などなどこのシステムを一度に説明しても学習者は混乱するだけであろう。しかも，教師は学習者に向かって，ころころと文体を変えて話しかけている（これはティーチャートークとして研究の対象にもなっている）。

[1]　話しことばの場合

　学習者から先生の私に向かって，「うん，いいよ。」などと言われ，びっくりすることがある。たいていは，高校時代にホームステイで日本に滞在したことのある人か，子供のころから日本語を学習した経歴のある人だったりすることが多い。彼らは伝統的な日本語の教科書にある丁寧体は本当の会話にはないと誤解さえしていたりする。友だちとの会話には出てこないからである。

　一方，いつまでたっても丁寧体でしか話せない人もいる。どんなときにも，正確な「てにをは」で「〜です」「〜ます」と固苦しく話す。いずれの場合も，話しことばでの丁寧体と普通体の使用についての知識がまだ得られていないためである。また，後になって教えられても，一度ついた習慣はなかなか直らないものだ。そこで，最初から文体の違いを意識させる方法を筆者の機関で開発した初級教科書である *Situational Functional Japanese* の例で紹介する。

　この教科書24課の各課にはモデル会話があるが，この会話を作成するにあたっては，「絶対に本物の日本語にする。うその日本語は使わない」というコンセプトがあった。これは作成当時の伝統的な教科書の多くが，教科書用日本語で書かれた会話文のために，いかにも作り物の感じがしたからである。「本物の日本語」にする場合の最大の悩みは，第1課から必ず出てくる丁寧体と普通体の入り交じった会話であった。そこで，課に入る前にプリセッションを数時間とり，日本語の会話はまず丁寧体で話すか，普通体で話すのか決めないことには口が開けないのだということを学習者

の意識の中にたたき込むこととした。

　方法を次に示そう。

〈手順1〉社会言語学的な側面について簡単な講義（英語使用）をする。horizontal distance（親疎関係），vertical distance（上位，下位）と formal speech style（丁寧体），casual speech style（普通体）の関係について知識を与える。

〈手順2〉以下の4種類のカードを学習者の数だけ用意する。カードの裏と表にそれぞれの対立の絵を書いておく。学習者は4枚のカードを裏にしたり表にしたりしてテープを聞く。カードではなく，ジェスチャーでやるのもいい。

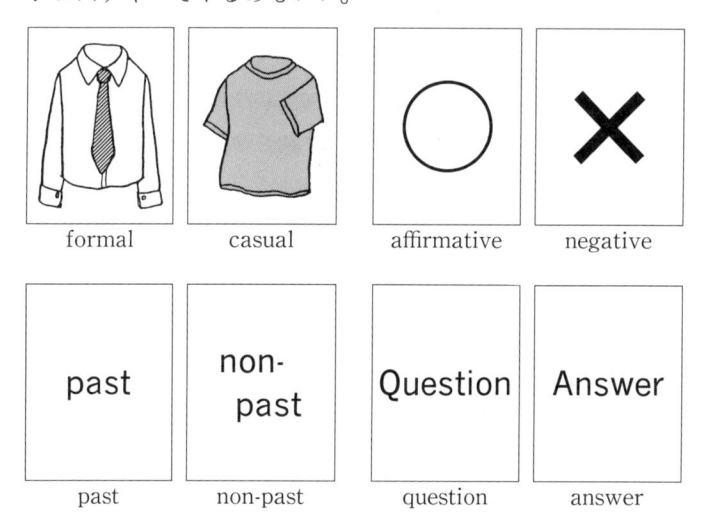

| formal | casual | affirmative | negative |
| past | non-past | question | answer |

〈手順3〉音声テープを聞かせる。テープにはさまざまな組み合わせの対話が録音してある。使用する語彙は，動詞文であれば，「行く」「見る」「買う」の3語のみ，形容詞も「おもしろい」「忙しい」「安い」の3語というように，名詞文，形容動詞文も3語ずつ用意する。

Q「カメラ買った？」　A「うん，買ったよ。」
　　　Q「ビデオ見ますか。」　A「見ます。」
　　　Q「いっしょに行く？」　A「行きません。」

　上記のような対話を全部で400対話ぐらい，動詞文，形容詞文，ナ形容詞文，名詞文，とテープを流してナチュラルスピードで聞かせる。ただし，注目するタスクを少しずつに分けて構成してある。学習者の注意が文末の音の特徴の違いに向くようにする。まだ日本語を何も知らないのであるから，当然意味不明なものを聞いているわけだ。しかし，この方法で，学習者は，日本語の意味は何も分からないのに，formal/casual, negative/affirmative, past/non-past, question/answer という識別だけは文末の情報から分かるようになる。文末にテンスや否定等と共に，互いの人間関係が反映するのだということを知るのである。

　以上のような手順をふんだ上で学習者は第1課に入り，まず丁寧体でドリルをするが，普通体が耳に入っても驚かないし，スピーチスタイルには非常に敏感になる。

［2］　書きことばの場合

　会話を学習の中心においた教科書を使い，特に書きことばについて指導しないままに学習者に文を書かせると，学習者は作文の中に，「困ったなあ。」「～んですけど。」「～ね。」のような話しことばをそのまま書いている。一方，書きことば中心の教科書で学習している人は，書きことばの文体で書けるが，話すときにも書きことばなので固苦しい感じがする。

　オランダのライデン大学では，書きことばのクラスと話しことばのクラスで異なるテキストを使用している。そして，書きことばのクラスは最初から普通体で書かれたテキストを使用している。ライデン大学の教師の1人は，2つのクラスがバラバラなのでやりにくいと話してはいたが，1つの見識だと思う。

〈3〉文法の練習ドリル

文脈の中で文法的な意味をつかませる

　構文ドリルと言えば，機械的な練習ドリルが伝統的である。入れ替え練習のようなドリルはおもしろくない，意味を考える余裕がない，使い方を学べない，など否定的な意見が強調されるが，一方で，このようなドリルは根強く教育現場には残っている。それは，口慣らしのために必要だと認められているからである。しかし，口慣らしで終わってしまったら，上の批判の通りである。練習を通して，文法的な意味把握を強化し，かつ使用できるようにするためには，文脈が見えるような工夫の施された練習が必要となる。ここで，そのような文脈を見せる練習例を，自・他動詞について見てみよう。

　対のある自・他動詞は学習者に「難しい」と言わせる文法項目である。下の［練習9］は図を見ながら，会話文を読み（　）の中を補わせるドリルである。

　　　［練習9］　A「電気が消えていますね。」
　　　　　　　　B「そうですね。」
　　　　　　　　A「だれが（　消した　）んでしょうか。」

　　　　　　　　A「窓が開いていますね。」
　　　　　　　　B「そうですね。」
　　　　　　　　A「だれが（　開けた　）んでしょうか。」

(*Situational Functional Japanese Volume 2 : Drills* p.54)

　これは絵を見ながらの練習で，学習者は対象物に視点があって，その状態を述べるときには「自動詞-ている」，誰が行為をしたのかを述べるときには「他動詞-た」を使う，ということを練習を通して学ぶ。この練習は，単に「窓を開けました。→窓が開きました。」などという機械的なドリルと違って，意味の使い分けを実感できる。

　対のある自・他動詞に関しては，学習者の犯しやすい混乱として，以下

のようなことも教師は承知しておき，学習者の反応を見ながら，対応する。
- 上記の練習は印象に残るらしく，「消えている―消した」を対としてしまい，「消える―消す」の対応に戻りにくい学習者がたまにいる（「場当たり派」(p.143 参照)の場合）。
- 対の動詞の一方が他方からの活用形だと勘違いする学習者がいる。例えば，「開いて」の形を「開ける」の活用形と考えて混乱する。
- 「開ける」を「開く」の可能形と思っている学習者がいる。
- 語彙が覚えられず，かなり不正確なままの時期を過ごさざるをえない。
- 先に受動形が入っている学習者は，自動詞の代わりに他動詞の受動形を使う傾向がある。この段階では，受動形を習っていない学習者には当然その傾向はない。

　また，学習者にとっては対の語彙を覚えるのは大変なことである。佐久間鼎の整理したルール（佐久間1936）などは，複雑すぎる。結局，ルールに頼らないで，1つ1つ覚えた方が早い。それでも，学習者はなんとかルールを見つけだそうとし，初級語彙の自・他動詞について，「一方が五段動詞であれば，他方は一段動詞である」とルール化したりしている。

課題解決型ドリル

　練習のための練習に比べて，本気になって言語使用するのはおもしろいし，学習の効果は大きい。いかにして本気にさせるか，教師の工夫と教科書の工夫が求められる。本気にさせる練習は「課題解決型ドリル」とか，「タスク練習」という呼び方をしている。また，ペアワークで，インフォメーションギャップを利用して本気で言語使用に取り組ませる方法もある。
　課題解決型ドリルの例を次に見てみよう。
　　（7）a.　日本に留学するために日本語を勉強しました。
　　　　　b.　日本に留学できるように日本語を勉強しました。
　（7）のように「ために」「ように」はどちらも目的を表わす形式で，教科書ではこのような類似の表現を同時には扱わず別々の課で扱う。しかし，両方とも紹介された後には，類似の表現の違いが明確になるように対比さ

せる練習も必要になる。

| 主文の主語の意志でコントロールできる行為 ＋ ために |
| 主文の主語の意志でコントロールできない行為・状態 ＋ ように |

　上記のような解説のあとイラストを見ながら，[練習10]のように(a)(b)の文型を使って，無人島へ何を持っていくか，文を作らせる。文を作りながら，ルールの理解が進んでいくようである。

　　[練習10]　（a）　洗濯するためにせっけんを持っていきます。
　　　　　　　（b）　よく眠れるように睡眠薬を持っていきます。

　イラストに示された物品は20個，また予想される必要語彙も英訳をつけてリストしてある。学習者は5つだけイラストから選び，(a)(b)の文型を使って文を作る（*Situational Functional Japanese Volume 3 : Drills* p. 162-163）。その後，互いに発表しあうのは楽しいひとときとなる。このような課題解決型ドリルは，自分の言いたいことを本気になって使うので，効果的なドリルだと言われている。

教室の外での課題

　先に述べた課題解決型ドリルは，練習を練習としてするのではなく，教室の中で本物の発話をさせるための工夫である。日本で学習をしている場合には，教室の外に学習者を引っぱり出す課題も有効である。覚えた表現を日本語教師以外の日本語話者に使ってみるという体験は，学習者にとっては少し緊張する冒険のようである。分からない返事が返ってくるのに耐えなければならない。どんな文法を使用する練習になるのか，教室の外での課題例をあげておく。

　　[活動1]　郵便局で，はがきと切手を買う。自分の手紙を航空便で出す。(数量の言い方，格助詞「で」「どのぐらい」)
　　　　　「はがき5枚と，50円切手4枚，ください。」
　　　　　「これ，航空便でお願いします。」
　　　　　「どのぐらいかかりますか。」

［活動２］電話番号案内に電話して，デパートやレストラン，病院などの電話番号を調べる。その後，開店時間や休日などを調べる。(「～でしょうか」,「～から～まで」)

「あの，○○デパートは何番でしょうか。」

「何時から何時までやっていますか。」

［活動３］人に道を聞く。(「～たら」,「～と」,位置の表現などの聞き取り練習)

「このへんに電話ありますか。」「コンビニはどこでしょうか。」
→「まっすぐ行って，１つ目の角を曲がるとありますよ。」

［活動４］わからない漢字やことばの読みと意味を聞いてくる。後でクラスで報告する。(「んです」,「何て」,「でしょうか」)

「この字，何て読むんでしょうか。どんな意味ですか。英語で，何て言うんですか。」

本章では，効果的な練習方法について学習者の文法習得を考えながら，いくつかの例を見てみた。

(小林典子)

第9章

文法の習得とカリキュラム
教え方も変えていかなければならない

　言語能力の基準として初級から中，上，超級まで，おおよその学習のプロセスを段階に分けて記述しておくということは，日本語の授業のカリキュラムを考えたり，教科書を作ったり，能力試験を作ったりする上で欠かせないことである。発話で言えば，最初はほとんど話せない単語しゃべりからスタートし，次に相手に自分の意図を，不完全な単文でなんとか伝えられる段階となり，複文を作れるようになり，そして，最終的には，母語話者のようにその場に応じた適切な表現ができるようになる，というようなプロセスを想定するのが一般的である。文法の授業の到達目標もそれに添うことになる。

　この章では，それぞれの学習段階での文法の教え方を考えたい。学習開始の初期には，「初級だから基本的な文法だけでいい」と骨格だけの少々不自然な日本語を導入してしまいがちである。このような「とりあえずの文法」に肉や表情をつけてもっと自然な日本語にするために，その後，どう後始末していけばよいのか，発展させていくのか，あるいは，会話表現として，丸覚えした「とりあえずの表現」から文法を気づかせ，応用できる文法にどうつなげていくのか，などということを考えたい。

　まず，文の骨格をなす命題部分（コト）に話し手の気持ち（ムード）を加える段階について，次に，単文から複文に発展した段階について述べ，次に，文脈の中でどんな制約が出てくるのか，そして，相手に失礼になら

ないような配慮のためにどんな文法を選ばせるのかを，学ぶ段階に分けて，述べる。日本語教育のための文法は適切に使用できるものでなければならない。つまり，構文論から語用論レベルまでをカバーした文法が求められている。本章では，カリキュラムを考えていく上で留意すべき点を見ていこう。

〈1〉初級から上級へ学習すべきことの重点の変化

　日本語の授業のカリキュラムは，学習者（日本語能力，クラスの人数，母語，年令，学習目的，など），教師（経験，教え方のタイプ，など），クラスの授業時間数，クラスのレベルなどと，学習内容を総合的に判断して計画する。学習内容，すなわち，学習者にいつ何を学習させるかについては，学習者の習得の過程と文法項目の組み合わせで計画されることになる。ところが，習得の過程についても文法項目の内容についても，まだ解明されているとは言えない。したがって，現実の日本語の教室は，過去の経験に頼りながら，さまざまな試みを実験し続けているようなものである。

　図1は，カリキュラムを考えるとき，学習の重点がどのように変化していくかを示したものである。語学の学習では，文の骨格（文の命題部分）を学び，それに話し手の気持ちを反映させる表現（文のムード部分）を学

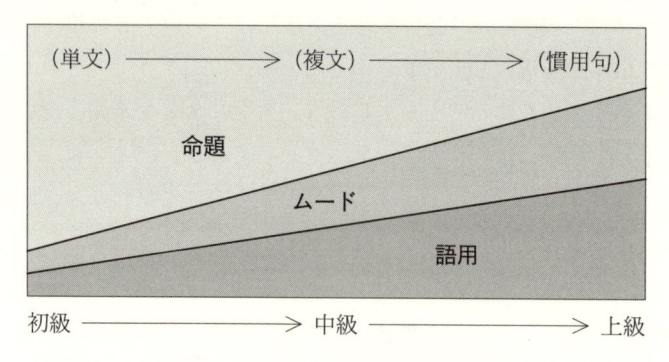

図1　カリキュラムの重点の模式図

び，そして，それをどのような場面，文脈の中で使うのか（語用）を学んで，初めて自然な使用が可能となる。この図は，学習が進むにつれて，文法学習の比重が，短い単文から長い複文へ，そして慣用句の使用へ，またさまざまなムード表現とともに，語用論レベルでの適切な使用へと学習の重点が変化していることを簡単に図示したものである。

〈2〉骨格を担う文法から気持ちを担う文法へ

格助詞ととりたて助詞

単純な構文から複雑な構文へと学習するのがよいという仮説にもとづけば，基本的な骨格を担う文法である〈名詞＋格助詞＋述語〉の関係をまず教え，その後で，さらに話者の気持ちを表す表現（ムード，モダリティ，心的態度などと呼ばれているようなもの）を学ばせようと考えることになる。

ところが，一般的な日本語の教科書の第1課では，骨格を示す格助詞の「が」ではなく，（1）（2）のように話者が主題として何を取り上げて話そうとするのか，その気持ちを反映したとりたて助詞の「は」が出現してしまう。つまり，「骨格を担う文法」から「気持ちを担う文法」へとは反対の順序で導入するという逆行が起こっている。

（1） 私は留学生です。
（2） 私は日本語を勉強します。

日本語は，骨格だけでは文でありえず，文として完結するためには，気持ちの文法をどこかに担っているものなのである。したがって，日本語学習の第一歩から，格構造の理解を妨げるかのように，話者の気持ちを反映するとりたて助詞「は」が立ちはだかるわけである。教師も学習者も，最初の助詞として，基本的な構造を表す格助詞ではなく，話者の気持ちを表すとりたて助詞に向き合わざるをえない。

学習者は「は」は主格を表すに違いないと思い込み，これをいつまでも引きずることになる。教師は，「は」が主題であって主格とは限らないことを示すために，動詞文の「を」格を主題化して，（3）のような文を示し

たりして教えようと試みる。

　（3）　この本は東京で買いました。

　しかし、これらとりたて助詞と格助詞の関係が未整理のまま中級へと進んでいく学習者は多い。格助詞ととりたて助詞の関係を文法的な対立として気づくのは初級の学習者には難しそうである。主格が主題化の「は」で提示された文型ばかり学習しているうちに、「は」は主格と考えるのは当然である。そして（4）のような「が」を経験して初めて「は」と「が」の世界にいらだち始める。

　（4）　A：だれが来ますか。
　　　　　B：鈴木さんが来ます。

　しかし、初級の前半は、気持ちを反映した文法項目といっても、「は」「も」が教科書に現れる程度で、学習の中心は、やはり骨格に関わる文法、すなわち、格助詞や動詞、形容詞の活用などである。あまり日本語らしくないぎこちない文が初級の教科書に多いのはそのためである。この段階では、いつその文を使うのかという使用の観点はあまり重要視されない。習った構文で事象を切り取るだけで、精一杯である。しかし、できれば実際に使用しても不自然にならない場面、機能を慎重に選んで、その中で「骨格を担う文法」も提示する工夫が必要である。

終助詞と終助詞相当語

　自然な日本語を初級から導入しようと、昨今の教科書は学習に無理のない程度に、気持ちを担う文法を取り入れているように見える。終助詞の「よ」「ね」「なあ」や、（5）（6）のような接続助詞の終助詞的な用法「けど」「から」なども会話のモデル文の中に出てくる。

　（5）　水が飲みたいんですけど。
　（6）　じゃあ、私、帰るから。さよなら。

　しかし、初級の学習者は、たまたまモデルの会話にあったものを丸ごと覚えて使用するという程度なので、「よ」「ね」「なあ」を文法的な対立としては捉えていないし、ましてや適切な使い方までは習得してはいない。

そのため，書きことばの中にまでこのような終助詞を使用していたりする。これらの使い方については，中級後半になっても，よく把握できていないのが実態である。どんなときに「よ」をつけるのか，あるいはつけてはいけないのか，ということを習得しないまま，次のような言い方をすることになる。

（7）　先生，私は来週入学試験があります<u>よ</u>。だから<u>ね</u>，授業，休みます<u>よ</u>。

自然な日本語では，（8）のようになって，「よ」はつけない。

（8）　先生，私は来週入学試験があるんです。授業，休ませてください。

しかし，中級になると，読み書きが中心の授業になっていくためか，終助詞の文法を学ぶ機会を逸しているように見える。

文末表現

初級の後半から中級にかけて，文末のムードの表現をいろいろ覚えることになる。話者の気持ちを反映させる表現として，「の（ん）だ」「思う」「だろう」「そうだ」「らしい」「ようだ」「かもしれない」「はずだ」「わけだ」「べきだ」「にちがいない」などが授業では導入される。

初級後半から中級前半では，それぞれのだいたいの意味と，これらに接続する形式を押さえることが主眼となる。普通体（普通体の形も学習者の間違えやすいものである）に接続すること，および，その例外（例：あの人は学生<u>だ</u>だろう。学生<u>だ</u>らしい。学生<u>の</u>ようだ。親切な<u>の</u>ようだ。学生<u>だ</u>かもしれない。学生<u>の</u>はずだ。など）を指導する。しかし，初級後半でのムード表現の導入は形式を覚えるだけで精一杯という実態である。

中級後半，上級となっても，ムード表現のそれぞれの文法的な違いや，使用法などは，あまり理解されていないようである。それにもかかわらず，これらの項目は一度学習項目としてとりあげられ，上記程度の導入がされると学習済みと片付けられやすい。教師の方も，「だろう」も「はずだ」も，もう教えてあるというように安心してしまうし，学習者も「習った，

知ってる」というように思い込んでいたりする。

　そのような学習者は例えば，自分の行動の予定を言うのに，（9）または（10）のような言い方をしたりする。

　　（9）　あした，（私は）9時に出発するはずです。
　　（10）　あした，（私は）9時に出発するでしょう。

　実際には「出発しようと思います。」「出発するつもりです。」「出発します。」などと言うのが普通だろう。推量の表現として「はずだ」「だろう」を文型として示され，その文型の置き換え練習をするだけでは，学習者はその文法の意味を正確には把握できない。なぜ，（9）や(10)が誤った言い方なのか，またこれが，「私」のことではなく，「彼女は」と他の人のことであれば，（9）は正しくなるといった文法知識は，聴解や読解にも影響する。例えば「9時に出発するはずよ。」と言う文を聞いたときに，出発するのは第3者であるということを，母語話者ならこの文だけで，すぐに理解できる。しかし，学習者は「私は出発するはず」と聞き取るかもしれないのである。

　(10)も「彼女は」とすれば，少し座りがよくなるように感じるだろう。しかし，実際の対話で「あした彼女は9時に出発するでしょう。」とは言わないのではないだろうか。「でしょう」のこのような単なる推量の意味の使用は，天気予報ではよく聞くかもしれないが，対話では，あまり使われないと言ってよい。他の言い方，たとえば「と思います」などが使われる。ムード表現が導入されるとはいってもこのような適切な使い方までは，なかなか授業で指導されていないのが現状であろう。学習者は自分なりの理解で使用してみて，誤った使い方を作文などで指摘されると，「なぜ？」となるのである。

　新聞や小説などを読んだり，作文や会話などで発話を試みたりと，実際の使用を経験した後になって，文法の解説をされると，よく整理され，理解できるようである。文末のムードを表す表現は，文脈のある文の中で初めて，その文法の持つ意味に気づいていけるのだと思う。初級文法項目として学んできた文法を比較，整理することによって初めて，もう一歩，意

味の理解，使い方の理解を深めていけるのである。

〈3〉単文から複文へ

|「〜た」の場合|

　同じ文法項目でも学習段階が進むにつれて，異なる扱いをしなければならないことは前節でも述べた。過去形の「た」も以下の例のようにさまざまな使われ方をしている。また，複文の中では，単文のときとは異なる使われ方をする。

(11)　去年買いました。
(12)　「もう買った？」
　　　「ううん，まだ買っていない。」
(13)　日本のは高いので，国に帰ったときに買おうと思っています。
(14)　ビタミン剤の入った瓶が並んでいる。
(15)　曲がりくねった道を通ると，気持ちが悪くなる。
(16)　あっ，あった。あった。ここに落ちていた。
(17)　明日の会議は3時からでしたね。
(18)　さあ，買った！　買った！

　(11)は過去の事象を述べている。初級の最初に学習する。学習は簡単である。(12)は完了を示す「た」である。日本語では過去も完了も同じ「た」で表される。過去なのか完了なのかは，その否定が「なかった」となるのか「ていない」となるのかで分かる。(12)の「た」は現時点で完了しているかどうかが問題になっている。初級後半の授業で扱うのが一般的だと思われるが，学習しにくいようである。学習者は「もう〜た。まだ〜ていない。昨日（過去の副詞）〜なかった。」と副詞と共に覚えているように見える。

　(13)は複文のトキ節の中の「た」で，主文の述語の実現する時点で完了していることを示している。時制が未来の文である場合に使用されるこのような「た」は，学習者の母語（例えば時制の一致が必要な英語話者な

ど）によっては戸惑うものである。
　(14)(15)は(14)′(15)′のような文が名詞修飾節になって「ている」が「た」となる例である。
　(14)′　（瓶に）ビタミン剤が入っている。
　(15)′　（道が）曲がりくねっている。
　このような，名詞修飾節の「た」が「ている」の意味であるということは中級後半になっても習得されにくい。
　(16)(17)(18)の用法は教室で意識的に取り上げることはめったにないのではないだろうか。たまたま使用した教材の文章の中にあれば，教えられるかもしれないという程度であろう。
　複文の中の「た」は先の例の(13)(14)(15)で少し触れたが，被修飾名詞の意味によって，また，従属節と主文の意味関係によって，現在形であるべきか「た」になるか制約があり，これを学んでいかなければ，文法的に正しい文を作れない。例えば，次のような間違いをする。
　(19)　*銀行に行く帰りに，郵便局に寄ろう。(→銀行に行った帰りに）
　また，学習者の次のような意見に立ち往生した経験もある。
　(20)　改札を出たところに本屋がある。
　(20)が誤った文とは母語話者は言わないだろう。本屋は駅の改札の外にあることを想像できるだろう。ところが，ある中級の英語話者は，「改札を出るという行為は毎日，毎日くり返して行われている。終わってしまうものではない。だから，「た」ではおかしい。「る」ではないか。」と言うのである。彼の頭の中では「る」と「た」の対立について単文（主文）のとき習得したものを複文にもそのまま適用し，相対的な時間差を表す意味を理解するのが難しかったようである。学習者の立場に立つと，この使い分けはそれほど簡単ではないようである。
　「た」のように，初級で一度扱ったからといって，2度と注目されず放っておかれている文法項目がないか，注意すべきである。特に初級のはじめに扱った文法ほど，中級以降にもう一度見直し，初級では扱えなかった文法の側面を教えることが必要ではないだろうか。

自動詞と他動詞

　対のある自・他動詞の指導については初級レベルのことを，第8章で述べたが，ここでは，複文の中で，学習者がどのような難しさに直面しているか触れておきたい。

　小林（1996）は学習時間が約600〜800時間程度の学習者26人に対して以下のような（　）に適切な形の動詞を入れるテストを行い，その結果を報告している。

　　［テスト1］　授業を始めた。　授業が（　　　）。
　　　　　　　　　お金を集めた。　お金が（　　　）。
　　　　　　　　　ひもを切った。　ひもが（　　　）。
　　［テスト2］　火を消そうとしても，なかなか火（　　　　）。
　　　　　　　　　この棒はいくら曲げようとしても，なかなか
　　　　　　　　　（　　　）。

　［テスト1］からは自動詞語彙を知っているかどうか，［テスト2］からは，自動詞を複文の中で使えるかを見た。例えば，「火を消さない」「火が消されない」「火を消せない」などの解答は不自然とし，「火が消えない」という母語話者が自然に使う用法のみを正解として数えてみた。

　［テスト1］，［テスト2］のそれぞれを正答率によって，A（80％以上），B（60〜79％），C（59％以下）と分けた場合の人数は表1のようであった。つまり，［テスト1］で語彙の正答率80％以上の人は受験者全体の58％であるのに対して，［テスト2］の複文の中での使用の正答率80％以上の人は31％にすぎなかった。

表1　複文での自動詞選択能力

テスト　　　　　正答率	A（80％以上）	B（79〜60％）	C（59％以下）
自動詞の語彙力［テスト1］	15	8	3
自動詞の選択［テスト2］	8	7	11

（人）

自動詞を使うか他動詞を使うかの選択は，(ア)構文上の制約で決まっている場合と，(イ)談話の流れの中で視点が決まり，それに相応しい主語が決まることから選択される場合と考えられる。上記の複文のテストは，(ア)の場合である。どのような複文で，どのような制約が出てくるのか，学習者に意識化させる指導が必要である。これは，文を作る場合に非文を作ることを防ぐだけではなく，文の意味理解で，学習者がつまずかないようにするためである。学習者は省略された主語を動詞によって決めていくことが難しいのである。例えば，(21)では，同じ主語でなければならないが，(22)(23)では主語が「私」から「ろうそく」に変わるということに気づかせる必要がある。

(21)　息を吹きかけて，消した。
(22)　息を吹きかけたら，消えた。
(23)　息を吹きかけたが，消えなかった。

推量や否定の作用域

　次に作用域を示す「の(ん)」について見てみよう。推量しているのはどこの部分か，また，否定している対象は何なのか，という，推量や否定の作用する領域（作用域／スコープ）を，「の(ん)」が示すという文法を，学習者は意識していないようである。1音節はあまりに小さい単位であるため，彼等にとって，(24)も(25)も大きい違いには思えないようである。

(24)　寒さのために枯れたかもしれない。
(25)　寒さのために枯れたのかもしれない。

　自宅を離れた旅先から，自宅の庭の植木鉢を想像しているのは(24)で，自宅で枯れた植木鉢を見ながら，その原因を想像しているのは(25)である。つまり，枯れた植木鉢を見ているのは(25)であって，(24)では本当に枯れているかどうかはわからない。このような具体的な違いを絵で示しながら説明すると，学習者は「の(ん)」の重要性を意識するようになる。「の」1つぐらいで，たいして意味は変わらないと思っている学習者には，なるべく大きく意味の差の出る例文を示して，違いを気づかせていく必要がある。

(26)(27)でも,買ったのか買わなかったのか,という判断が学習者にとって難しい。(26)は「その鞄は大きかった。だから買わなかった。」となるが,(27)は「大きい鞄を買った。その鞄を買った理由は大きかったからではない。(デザインがよかったからだ。)」というような解釈が成り立つ。

(26)　大きいから買わ<u>なかった</u>。
(27)　大きいから買った<u>のではない</u>。

「のだ」にも習得しやすいものと,しにくいものがあるということは,前章でも述べられている。いわゆる説明のムードを示す「んです」(「<u>どうしたんですか。</u>」「<u>頭が痛いんです。</u>」「<u>この漢字,なんて読むんですか。</u>」など)を具体的な場面とともに定型化して練習させたものは,よく定着するようである(第8章参照)。しかし,定型表現として覚えたもの以外のところで使用する説明のムードの「のだ」や,(24)〜(27)に示したような作用域を示す「のだ」については,学習者の気づきを高めていくよう指摘する必要があろう。学習者自身では気づきにくい文法のようだからである。

このように,中級以降では,複文において構文的に必要となる文法を,指導する必要があると考える。

〈4〉複文から文章へ

話し手の意識

第4章で,学習者の誤りの例として,(28)のような「現在形」と「ている」の使い方の問題を紹介した。(28)は「行っています」と使うべきところを,「毎日」の習慣なのだから,「行きます」でいいと勘違いしたものと思われる。一方,(29)の場合は「現在形」でも座りのいい文となる。

(28)　先生,お元気ですか。私も元気で,毎日大学に<u>行きます</u>。
(29)　留学生センターの学生たちは月曜日から金曜日まで,毎日8時40分までに大学に<u>来ます</u>。そして日本語の授業を3時まで<u>受講します</u>。3時以降は自由です。

「私は毎日大学に行きます。」という文は,正しい構文である。にもかか

わらず(28)が誤った文となるのは，その前に「先生，お元気ですか。」とあるからである。一方，(29)では「来ます」「受講します」という「現在形」でまったく問題がない。(28)は話し手の意識は「今」の「私」の具体的な状況を見ており，それを伝達するのが目的の文である。(29)は留学生センターの学生たちの生活パターンを説明している文章である。話し手は特にだれか具体的な学生のことを意識しているわけではない。また，特に具体的に「いつ」という時を意識しているのではなく，超時間的に述べている。このように「現在形」は超時間的な規則，真理などを述べる文章によく使われる。

　１文レベルでは正しく見える構文が，文章の中では正しくなくなることもあるわけであるが，初級では１文の構造を学習させるのが中心となり，文章レベルで見えてくる文法については，あまり重要視されていないように思う。ある程度まとまった文章を読んだり，聞いたりする能力がついた中上級になって初めて，学習者の方も指導を受け入れる用意ができるように思う。日本語教師の方は「現在形」は初級の最初の学習項目として指導済みとしがちではないだろうか。自戒したいところである。

話し手の視点

　まとまった文を話したり，書いたりしているとき，話者はだれかの立場にたって（視点をだれかにおいて）話を進める。実際の会話のときは，自分が関わることについて，日本語では，たいてい「私」の視点で話す。例えば，(30)のように言って，(31)のようには言わないのが普通である。

　　(30) 今朝，電車の中で足を踏まれたの。痛かったのなんの。腹が立ったから，文句を言ったら，にらまれたの。

　　(31) 今朝，電車の中で足を踏んだの。痛かったのなんの。腹が立ったから，文句を言ったら，にらんだの。

　人称が１つも入っていなくても，(30)の場合は人間関係がはっきりと理解できる。それは，「私」に視点を置いて，受動文の「踏まれる」「睨まれる」と能動文の「腹が立つ」「言う」を使い分けているからである。とこ

ろが，(31)の場合では，「踏んだ」のは「私」かと思ってしまうだろう。「痛い」のも「私」となると，自分で自分の足を踏んだのかと混乱することになる。このように日本語は自己中心的な言語なのである。学習者にとって，人称がないこのような文を理解するのは，われわれが思っているほど簡単ではないようである。また，文を作るときも，(31)のような能動文を作りがちである。

　受動文を初級で学習するときは，教師も学習者も，構文の形式に練習の中心を置き，いつ受動文が必要になるのかということまで，深く指導はできないでいる。初級のうちはクラスのドリルなどでは受動文を作れても，実際の会話や作文の中では使用されることはあまりない。受動の形式そのものは，学習者の母語にもあるために，学習者は自分の母語と同じような目的で使用するのだと誤解しているように見える。文章の中で，何を中心に述べるのか，何に視点をおいて文を組み立てるのかによって，主語が決まり，受動文になるか能動文になるか態（ヴォイス）が決まるということを学習させたい。「なぜその構文を使うのか」（フォード丹羽他2000）を学習者に示す必要があろう。

〈5〉構文論レベルの学習から語用論レベルの学習へ

|具体的な言語使用|

　「構文論から語用論へ」ということは，言い換えれば，初級の学習では一般に1文1文の文の骨格の文法を中心に学ぶが，そのあとは，実際の言語使用場面で適切な文を選んで使うことができるようにしよう，ということである。適切な文は伝えようとする内容，相手との人間関係，使用場面などによって決まってくる。文法の習得というのは，1文レベルの規則を知りその規則に従って文を組み立てられるだけでは十分ではなく，それを使用して，実際のコミュニケーションの目的を達成することができて初めて習得できたということになる。

　「語用論」というのは「具体的な場面において発話がいかにして意味を

持つのかということの研究」（リーチ 1985）と言われている。1つの文が具体的な場面でどんな機能を発揮するのか，と言ってもいいだろう。この例としては(32)のような会話が例としてよく取り上げられる。

　　(32)　（窓を閉め切った暑い部屋に入ってきて）
　　　　　Ａ：暑いですねえ。
　　　　　Ｂ：あ，窓をあけましょうか。

　この場合，Ａの「暑いですねえ。」という表現は「窓を開けてください。」という意味を生じることになる。受け取るＢは，直接的に「開けてください。」と命じられて行動するのではなく，自らが「開けましょうか」と提案する側に立つことになる。このように意味機能が使用に際して生じてくるのは，日本語だけのことではない。

　また，だれでも対人関係において丁寧でありたいと願うものであるが，具体的にどんな表現を使用すると丁寧になるのかは，それを意識して学習する必要があるようで，学習者もそれが心配で会話に自信を持てないでいる。例えば，日本の民俗学を研究するという上級レベルのドイツ人に，「道を歩いていて，時計がなくて時間が知りたいときに，何て聞いたらいいでしょうか。」と質問され驚いたことがある。彼は「すみません，今，何時ですか。」と聞いてもいいんだろうか，と心配していたのである。この学習者の場合は，上級に達し，日本語の語用のさまざまに目覚め，このような簡単な会話にも慎重になってしまっていたのだった。

　また，聞き取る場合にも，相手の言った文がどのような目的で言われたのかを理解しないと困ったことになる。インド人の学習者が心配そうな顔で，「先生，私がバスで席をゆずったら，おばあさんが『悪いね』と言いました。私は何か悪いことをしましたか。私という人間が悪いのですか。席をゆずったことが悪いのですか。」と聞いてきた。学習者には，「悪いね。」が「すみません。ありがとう。」の意味で使われているとは予想もつかなかったのである。

　最近の教科書は，話しことばに関して，その言語形式はどんな場面で，どんな目的で使用するのかという観点を盛り込むように工夫されるように

なってきた。(33)(34)は存在文「あります」がどのような機能を持つのか場面シラバスの中で定型的な表現として導入している。

(33) すみません，メニューありますか。〈レストランで〉
　　　（メニューを見せてください。）
(34) この辺に電話ありませんか。〈場所聞き〉
　　　（電話はどこにありますか。）

　文法積み上げ式で学習した学習者は(33)(34)のように存在文で話すより，(　)の中のような直接的な表現で話す傾向がある。このように存在文で要求したり，場所を聞いたりする機能は，教えればすぐに理解できることではあるが，教えなければ気がつかないこともある。

　中上級ではさらに広げて，言語使用の原理とその表現形を整理していく必要があろう。具体的な言語使用を以下のように整理して，それぞれで，どのように違ってくるのか，読解，聴解などでテレビ番組や新聞など実際に使われている日本語を観察したり，作文，会話など文産出においても，使用目的に応じた適切さを指導したい。話しことばの場合は相手とどんな人間関係にあるのか，相手は特定の1人なのか，不特定多数なのか，使用場面はフォーマルか，伝えようとする内容は相手の負担になることか，益をもたらすか，などによって，文の適切さが左右される。また，書きことばと話しことばの区別，および書きことばの中でも，その種類によって，表現が変わってくることを指摘していく必要がある。

話しことば

・相手→1：1（会話）／1：数人（会話）／1：多（講演）／
　　　　1：不特定多数（報道）
・人間関係→親／疎，上／下，内／外
・言語使用の場→堅苦しいフォーマルな場面／くだけたカジュアルな場面
・言語使用の目的→話し手・聞き手のいずれかに，損（負担）を生じる／益をもたらす

> **書きことば**
> ・相手→不特定多数(論文，レポート，掲示，新聞記事など) /
>   特定(私的な手紙，ビジネスレターなど)

相手への配慮と損益の関係

　現実社会では，対話によって相手との人間関係を作っていくために，さまざまな気配りをしながら会話を組み立てている。相手を傷つけないように，相手に丁寧であるように，また，自分も傷つかないようにと言語使用を工夫し，直接的な表現ではなく間接的な表現を使用することがある。気配りや丁寧さの原理については，リーチ（1985）などで詳しく扱われているが，

　　・自分の益になることか/相手の益になることか
　　・自分の損（負担）になることか/相手の損（負担）になることか

のような損益の関係が言語使用に反映してくるのは，人間社会においてどの言語でも普遍的なことである。

　日本語においても，例えば，次のような言語使用のルールを学習者に指摘しておくことは必要だろう。

・自分が受益者の場合は，相手への謝意を表現しなければならないので「～てもらう」「～てくれる」のような表現が必要である。「～てくれる」「～てもらう」を使わない不適切な文を学習者は使いがちである。

　　(35)　友達が私にパソコンの使い方を教えました。（自分に益あり）
　　　　　→友達が……教えてくれました。
　　　　　→友達に……教えてもらいました。

・自分の益になり相手の負担になることを依頼する場合，相手にできるだけ丁寧な態度をとるのは当然だ。「～てくれる？」「～てもらえる？」のような疑問文は相手が断われるような文形式になっていることが丁寧な気配りとなっている表現である。

(36) パソコンの使い方を教えて。(友人に対する遠慮がない依頼)
　　　　教えてくれない？
　　　　教えてもらえない？
　　　　教えてくださいませんか。
　　　　教えていただけませんか。

・自分が相手の益になることをした場合,「～てあげる」「～てさしあげる」というのは相手に負担を感じさせる恩着せがましい言い方なので避ける。
(37) *ビールをついでさしあげます。
　　　→ビールをおつぎします。

・自分が迷惑を受けた場合は受動文で表現することもできるが,非難がましいので,中立的にも言う。
(38) 隣の人に騒がれてうるさかった。
　　　→隣の人が騒いでうるさかった。

・苦情を言いたい場合はヒントを小出しに言って,相手に気づかせる。
(39) テレビの音がうるさいので,小さくしてください。
　　　→自分：あの,ちょっと,テレビの音が。
　　　　相手：あ,うるさかったですか。すみません。

・自分が迷惑をかけて相手に負担を与えた場合は,自分の責任を明確にする表現をとる。
(40) お借りしたカメラが壊れてしまいました。
　　　→お借りしたカメラを壊してしまいました。
(41) お待ちになりました。すみません。
　　　→お待たせしました。すみません。

　以上のような原則に添って,対人関係の使役文も,その使い方を整理できる。初級で学習する使役文は「お父さんは子供に本を読ませる。」のよ

うなもので，上位の人が下位の人に命じるという意味あいのものが多い。したがって，初級の学習者は使役文を目上の人に使っては失礼になると学んでいる場合が多いかもしれない。しかし，目上の人にも使えるし，むしろ使う方が丁寧表現になる場合もあることを，言語使用の原則に照らし合わせて指摘しておくことが必要だろう。

　語用論レベルの原則をもとに，具体的な場面での文の意味と機能を整理していくことにより，より自然な日本語使用へと導くことに役立つものと考えられる。初級で定型表現としてまる覚えした例文にも原則があることがわかれば定着は堅固なものになろう。

　この章では，初級で学べる文法，学べない文法，中上級になってようやく気づける文法など，カリキュラムを考える上で，あるいは，習得状況を考える上で，留意しておきたい事例を取り上げた。

（小林典子）

第10章

教室での習得と自然な習得
先生に習うのと自然に覚えるのは違う

習得の社会的な状況

　この章ではまず，日本語を習得するというときに習得者がおかれる可能性のある，社会的な状況を整理することからはじめよう。それはおおよそ，次のような2つの点から整理することができる。
　（a）　教室における学習と自然な状況のもとにおける獲得
　（b）　第二言語環境と外国語環境
　（a）の教室における学習とは，日本語を習得する場合を例にすれば，日本語学校や大学などで，日本語教師の指導のもとに，教材等を使用して日本語を学ぶ場合である。それに対して自然な状況のもとにおける獲得とは，習得者が，日本語母語話者同士が行う日常会話を耳にしたり，また自身が日本語母語話者と会話を行うなかで日本語を身につけていく場合を典型とする。
　現在，日本にいる留学生のほとんどは教室場面で日本語を学んでいるが，外国人就労者のなかには，日本語を自然な状況のもとで獲得している者も多い。かつて戦前・戦中にさまざまなかたちで来日し，また戦後も日本に定住することになった在日コリアン一世も，その多くは日本語を自然な場面で獲得した人たちである。
　一方（b）にあげた2つの環境タイプのうち，第二言語環境における習得とは，習得している言語が身のまわりで日常的に使われている環境におい

て当該言語を習得している場合で、たとえば日本で日本語を学んでいる留学生のケースがこれにあたる。それに対して、外国語環境における習得とは、習得している言語が日常的には使われることのない環境において当該言語を習得する場合で、同じく日本語習得を例にすれば、たとえば韓国や台湾、アメリカ合衆国、オーストラリアにおいて日本語を学習するなどの場合を言う。これらの国では、学習者を取り巻く環境において日本語が日常的に使われるということはない。日本における英語の学習も、もちろん外国語環境における習得である。

このようにして、「第二言語環境」と「外国語環境」ということばは、厳密には使い分けられることがある。また、教室で第二言語を身につける場合を「学習する」あるいは「習得する」、自然な環境で身につけることを「獲得する」と言って区別することも多い。

本書の他の章ではこれらの用語をとくに使い分けてはいないが、本章ではその違いに注目することに目的があるので、「習得」ということばを、環境に関して中立的な意味で使うほかは、「学習」と「獲得」ということばを、上に記した意味を表すものとして、可能な限り区別して使うことにする。

習得環境の4つのタイプ

さて、上であげた2つの観点をクロスさせて第二言語習得のための社会的状況を分類してみると、理論的には、次のような4つの言語習得のタイプがあることになる。

(c) 第二言語環境における教室場面での学習
(d) 第二言語環境における自然な状況のなかでの獲得
(e) 外国語環境における教室場面での学習
(f) 外国語環境における自然な状況のなかでの獲得

このうち、(f)のような、学習言語の母語話者がほとんどいないなかで自然にその言語を獲得するといったことは、たとえば海外に滞在する日本人の家に足繁く通って、日常的な会話をかわすなかで自然に日本語を身に

つけるというような状況が考えられるものの，実際にはその例は少ない。したがって，4つのタイプのなかである程度の頻度をもって起こりうるのは，（c）から（e）の3つということになる。われわれが日本語教育といった場合に一番身近にイメージしやすいのは，留学生が，日本にある日本語学校や大学で学ぶという，（c）の場合であろう。

複雑な学習環境

なお，上の分類は事実を単純化したものであることに注意されたい。実際の個々の習得者の習得環境は，多様かつ複合的である。たとえば（c）については，主に教室場面で学びつつも，長時間のアルバイトに従事していたり，あるいは日本人の恋人がいたりして，教室の外でも日本語を自然に獲得する機会が多いといった場合がある。また（d）については，昼間は工場で働きながら日本語を自然獲得しつつ，週1回だけ，ボランティアが開く日本語教室に出席する，といったケースが考えられる。中国において，中国のラジオ講座を聞いて日本語を習得するといったケースは，（e）の下位類に属するであろうか。（f）は，教室外の活動として母語話者宅にホームステイするなどして，（e）を補うものとして活用されることもある。

本章では，（c）から（e）の3つのタイプのうち，われわれが日本において目にすることのある，（c）の「第二言語環境における教室場面での学習」と，（d）の「第二言語環境における自然な状況のなかでの獲得」にスポットライトを当てて，そのような環境で習得される日本語の特徴の違いに注目してみることにしよう。（e）についてはごく簡単に触れるにとどめる。

〈1〉 究極のコミュニケーション：ピジン

ところで，みなさんは，第二言語の自然な獲得ということがどのように起こるのか，想像できるだろうか。ある程度進んだ段階の自然に獲得された中間言語の例を見る前に，まず，自然な環境で獲得が起こる場合の，ご

くごく初期の状況を確認することからはじめよう。

自然獲得の起こる社会的条件

　第二言語の自然な獲得は、短期的にはことばの分からない国に旅行に出かけた場合などにも起こることがあるが、長期にわたる自然獲得は、政治的、経済的、社会的な要因に迫られてことばの通じないほかの国に移住したために、移住先の言語を獲得しなければ生活に支障が生じるといった状況におかれたときに起こることが多い。後者についてこれまで日本人あるいは日本語がかかわったケースとしては、

　　（a）　日本人が移住した場合　：ハワイやブラジルへの移住
　　（b）　日本人が受け入れた場合：外国人就労者の渡日

といったものがある。戦前・戦中にさまざまな理由によって日本にわたってきた在日コリアン一世の日本語獲得も、その多くは（b）に属する。

　こういった状況のもとでは、通常、旅行者や移住者と受け入れ側の両者に共通の言語がないために、両者の間にコミュニケーションの必要性が生じた場合には、受け入れ側（ホスト側）の言語が中心となりながらも、両者が協力して、最初にごく単純なコミュニケーションの道具を作り出すことがある。これが、ピジンと呼ばれる言語である。

明治時代初期のピジン

　やや時代が逆上るが、次の例は、かつて明治時代初期に日本に滞在した欧米人（客）と日本人（骨董屋の主人）のあいだでかわされた（かもしれない）、"Yokohama Dialect" による会話である（Bishop of Homoco 1879：p.27, Fifth Lesson）。（　）内は筆者の転写。

　　（1）　主人：Ohio.
　　　　　　　　　（オハーィヨ）
　　　　　客：(1)<u>Your a shee cheese eye</u> curio high kin.
　　　　　　　　（ヨーロシー，チーサイ，curio，拝見）
　　　　　主人：Nanney (2)<u>arimas</u>?

（ナニー，アリマス？）
　　　　客：Num wun your a shee arimas?
　　　　　　　（ナンバーワン，ヨーロシー，アリマス？）
　　　　主人：(3)Die job screen high kin arimas?
　　　　　　　（ダイジョーブ screen，拝見，アリマス？）
　　　　客：Sigh oh, high kin arimas.
　　　　　　　（サィヨー，拝見，アリマス）

ピジンの特徴

　この種のことばは，われわれが，ことばがたがいに通じない外国に出かけて，現地でみやげ物の値段を交渉するなど，何らかのコミュニケーションをとろうとするときに使うことばに見るように，ごく一時的に用いられるものであり（一時性），またその実態がサバイバル○○語といった本でカタカナで覚えただけのことばのようなあやしいものであっても，買い物など，その場の用が足せればそれでその役目は十分に発揮されたことになるといった種類のものである（機能限定性）。またそのことばは，ある目的を達成するための会話参加者の歩み寄りの成果でもあって，ことばの面では次のような特徴をもつことが多い（言語的単純性）。

- 発音は，いずれか，もしくは両方の話者の母語の影響を多分に受けること。また，複雑な発音が簡単なものに置き換えられること
- 複雑な語彙や文法項目がないこと（上の例では，ことばが単純に並列される「ヨーロシー，チーサイ」（下線部(1)），活用語尾がない「ダイジョーブ screen」（下線部(3)），など）
- 「いま」「ここ」にかかわることだけを表現することが多いこと（過去や仮想の世界など，会話の現場から離れた事象を表現する必要がないこと）
- 固定的なことばというよりも，その場で形式と意味の対応が約束されて使われることもあること

さらに語彙が足りないということになれば，その不足を補うために，

・ひとつの単語に、いろいろな意味を担わせること

という特徴が加わることにもなる。上の例では、「拝見」が敬語的な意味を失っていることが目につく。また、'arimas'（アリマス、下線部（2））などということばが、広い意味をもって使われていることがうかがえよう。同書 First Lesson では、'arimas' に、英語の 'to have, will have, has had, can have' あるいは 'to obtain, to be, to wish to be, to be at home, to arrive, to want' などのさまざまな訳語があげられている。（1）の例を見る限りでは、「拝見」など、動作の内容を特定する要素を除けば、述語はすべてアリマスが、排他的に担っていると言ってもよいほどである。

このような、いわば未分化な単語を使えば会話の参加者は、

・相手の言うことを理解するために、文脈から単語の意味を特定する推論能力を自在に活用しなければならないこと

はいうまでもない。

接触の長期化とことばの拡張

しかし、このようなことばの発生を促した当地での滞在も長期に及び、同時に滞在先の言語との接触が長期に及ぶということになると、このようなピジンは、徐々に、滞在先の言語に近づいていくことになる（脱ピジン化）。移住者の側に立ってみれば、移住先の社会のメンバーとして活動するために、「いま」「ここ」に限られない言語を、本格的に習得する必要に迫られるということである。

次に、このようにして滞在、あるいは習得が長期に及ぶことによって身につけられた日本語の例を見てみることにしよう。ここでは、在日コリアン一世の話す日本語を取り上げることにする。

〈2〉在日コリアン一世の日本語

会話の実態

次の2つの会話例は，現在，大阪市東成区に在住する在日コリアン一世（K）の話す日本語である（1997年，金美善氏収録。（　）は聞き取り不明な箇所，［　］は筆者の注記。Ⅰは在日コリアン三世のインタビュアー）。

（2）（K1＝1920年生，女性，1935年来日，済州島出身）

K1：向こうでもうちの村は(1)なー，

Ⅰ：はー

K1：小学校あってなー，

Ⅰ：あー

K1：小学校あってみーんなうちの妹，弟なんかな，

Ⅰ：はーはー

K1：昼(2)学校して，

Ⅰ：はい

K1：うちのねーさんがなー，

Ⅰ：はい

K1：ここ日本に来てがらーし，仕事しながらなー，

Ⅰ：はい

K1：手紙出そう思ってもなー，字が(3)書かれへんから，

Ⅰ：はいはい

K1：手紙しょっちゅう出されへんて（しつもして帰ってきたから），出す思ったら，しょっちゅうださ，出されへんから文句やんだぎやーれた［言われた］から親にな，

Ⅰ：は

K1：手紙いっとったわ。ほんでな，ほんなら，（なんでのー）弟なんかな，隣近所全部な，女の子でも晩学校してな，自分の名前でも，習いやーゆってから，かー，昼学校い，行

かない人はみーんな晩学校してな，

I：あー，あ晩の学校

K1：(ほ)んでわたし，その(4)シジョルみんなー，このハングルな，しらん人おれへんね

(3) (K2＝1914年生，女性，1934年来日，済州島出身)

K2：うちとこのだんなさんほんまにえー人やったよ，もう，もうすげな。ものすごい，あの，うちな，ろ，60年，ちょうど50年，住んでから，わかれでん，てんくいか，天国へ(4)行ってしもッジマナン［ったけど］。(こうがった)こんなんし［頭をなぐること？］，一回もしたこと，

I：あー，ない

K2：頭こんなしたことない，全然

I：んー

K2：口答えが，うちがな，それだ，気性わかってるから，口答え全然せーへんね。せーへんからな，いっこも，たたいたことない

I：んー

K2：子供もな，あ，したらな，パチンたたくやろ，ゆうこと聞けへん（か）ったら。全然手出せへんかった

I：んー

K2：えー人やった。ほんまに，はっきり(5)ゆうて

その独自性

これらの日本語には，次のような特徴がある。

(a) 「学校して」(学校で勉強して)のような，「する」を使った動詞の造語があること (K1の下線部(2))

(b) (在日コリアン同士の会話では) 韓国語の単語や文法要素がまじること (K1，K2の下線部(4)など)

(c) 間投助詞のナ (K1の下線部(1)など) や，否定辞ヘン (K1

の下線部(3)など),「ゆうて」(K2の下線部(5))のようなウ音便形など,大阪方言が豊富にまじっていること

(a)や(b)は,語彙の数が少ない場合,それを補うための習得者の独自の解決策として,とくに教室のそとでよく見られる特徴である。(b)はもちろん,聞いて分かるだけの韓国語の知識が聞き手にあると,話し手が思っていることが前提となる。

一方(c)は,(a)や(b)の,習得者の独自性を示すところとは逆に,まわりのインプットを忠実に取り入れて,獲得を進めていることを示すものである(インプットの影響については第11章も参照)。表1に,上の2名の話者の,1時間程度のインタビューのなかに現れた文末の否定辞の数をまとめてみた。否定辞の主流がン・ヘンであること,また,五段動詞の否定形が「書かへん」(表の「a-五段」)ではなく「書けヘン」(表の「e-五段」)であることなど,いずれも大阪方言の特徴を反映している。

表1　在日コリアン一世の否定辞一覧

	ン		ヘン				ナイ		テナイ
	五段動詞	一段動詞	e-五段	a-五段	一段動詞	サ変動詞	五段動詞	一段動詞	テナイ
K1	12	—	15	1	11	1	4	—	3
K2	5	—	6	—	13	4	—	—	5

〈3〉パラオの日本語

会話の実態

最後に,教室での習得と自然な習得の両者によって形成された日本語の例を取り上げる。かつて,日本の統治下において,3年間(本科のみ)ないし5年間(本科および補習科),パラオの人だけが通った公学校において日本語教育を受け,またその後も日本人の間で働くなどして身につけた,パラオ共和国の現在の老年層が話す日本語である(1994-1995年収録。( )は聞き取り不明な箇所,[ ]は筆者の注記。Iは日本人インタビュ

アー)。

(4) (P1＝1929年生，男性)

　　I：8年間で日本語は話せるようになるんですか

　　P1：(1)あのねー，(3)自慢じゃない(2)ですけどねー，2年でも話して(2)ますよ。1年に入って，1年であのー日本語しゃべったり，島語しゃべったり。2年なるとねー，全然話しないん，島語。島語というとね，あの帳面つけられる，何回使ったって。で賞罰すると〈笑い〉。だから，2年に入ると，もう全然，あのーうちへ帰ってきても，島語は使えない。だから2年ーでもう，日本語はもうだい（丈夫）。3年，3年だったらもう大丈夫。もうベラベラしゃべる

(5) (P2＝1930年生，女性)

　　(1)あのねー，わたくしたちパラオの人はとってもかわいそうだったん(2)です。あー，あ，はじめて，はじめて。ここ，ここはね，ここにいた人はもうみんな，あのバベルダオブを避難していって，あの，(3)かわいそうにね，食べ物もないし，お鍋も毛布も洋服も。あー，とってーも苦しかった。そして森のなかに入って，あのー，いや，んー，5時頃にあの飛行機が，また，帰るでしょう↑。その，その間に，急いで山を越えて谷を越えて，あのー，最初住んでいた部落へいって，急いで，あのータピオカやらなにをとって，また頭にのせて男はかついで，また，も，みんな帰る（---）。あー，とーっても苦しかった。ある人も死んだ。こどもたちも，たまに撃たれて死んだ。爆弾にも，なくなられた人もいる。あーはじめてはじめて

(6) (P3＝1927年生，女性)

　　I：戦争のときはどこにいらっしゃったんですか

　　P3：[戦争のときは]あのー，ガラルドの森のなか[に住んでいた]。アレデスゴという，呼ぶ森。（---）わたしたちに，そば，あーそばにO隊が，住んでいた

I：兵隊さんもいたんですねー
　P 3：ンン
　　 I：ガラルドの，ところも，戦争がひどかったんですか
　P 3：ンン。いやあんまりひどくなかった。だからそれでわたしたちは，そこらへん行った。コロールとアイライだけがひどかった。わたしたちはあのー森の中へ避難していって，そこで，1 年間ぐらい，森のなかで住んでいた
　　 I：そのとき食べるものとかはどうしたんですか。1 年間，食べるものはどうしました
　P 3：食べるものは，あんまり少なかったからね，あーおもにー，森にたくさんな食べものある。木の葉と，アーそんな食べものを。タピオカも，まだ，若いやつをとって食べる。それを，食べ物わたしたちと兵隊さんが分けて，わたしたちは兵隊さんの仕事を，していた。畑をつ，作って，で，油を作って兵隊さんはあの，油のー，やしのー，こん，こんなになったー，やしをね，とって，あの，ガスパンまで来る。朝鮮人がねそれを運んで

（7）（P 4＝1933 年生，男性）
　　 I：家では，日本語は使わないですか。うちに帰ると，日本語は使わない
　P 4：んー，もしもうちへ行ったらあの，パラオ語，だけ話（す）。けど，学校入ったらまたあの日本語を話（す）。でーあのー，もしもあのー，パラオ語話したらね，島語，それから名前書く〈笑い〉
　　 I：でも子供同士だったり遊んでたらワーっとなったら島語になっちゃう（んでしょ）
　P 4：そうそう。(4)あるとき島語になっ（て）る。名前書く〈笑い〉
　　 I：であとで怒られる

　　　　　P4：怒られる

　これらの日本語は，先の在日コリアン一世とほぼ同じ時代に習得が開始されたものだが，その実態はかなり異なる。

　パラオの日本語は，その基本は教室でかたちづくられ，卒業後も第二言語環境において，自然な状況のもとで習得が続けられることによって，体系がさらに拡張されたといった種類のものである。戦前・戦中のパラオには，日本人が，多いときでパラオ人の3倍以上も滞在していたことがあった。しかしその後，終戦と同時に日本語を使う状況が失われたために，50年以上にわたってほとんど使われることがなかったという，特異な性格を持ってもいる。

　さてこの日本語には，どのような特徴が観察されるだろうか。

その独自性

　まず，これらの日本語が，おなじレベルにあるものではないという印象を持たれたのではないだろうか。事実，

　　（a）　P1とP2は，「あのねー」（下線部(1)）といったことばや，文末の「です・ます」（下線部(2)）など，聞き手に配慮することばを使うことがあるのに対して，P3，P4はそれをほとんど使わない。

　　（b）　P1とP2には，「自慢じゃないですけどねー」（P1），「かわいそうにね」（P2）といった，伝えたい内容以外に，いわばそれを主観的に脚色する部分があるが（下線部(3)），P3とP4は，伝えたい客観的な情報だけが列挙されている。

　　（c）　P4はとくに，短い文が連鎖している（下線部(4)）など。

といった違いが観察される。

　このうち(c)については，P4の習得レベルとも関係するかもしれない。P4は，4人のうちでは最も若く，公学校3年のときに戦争が激しくなって授業が行われなくなったために，日本語に接する時間が最も少なかった。あるいは，待遇表現や話し手の気持ちを表す部分などのように，伝えたい

客観的な情報内容とは別の，いわばことばのなかのぜいたく品は，たとえ当時身につけていたとしても，日本語を使うのをやめて時間がたつにつれて，失われてしまったということも考えられる。

一方，こういった話者の間の違いにもかかわらず，パラオの日本語話者には，

- （d）在日コリアン一世の日本語にあったような方言的な特徴が，ほとんど観察されない。
- （e）文法的には，「ている」が使える，複文が使えるなど，50年間も日本語を使わなかったにしては，レベルが高い。
- （f）母語話者と1時間程度の会話を行うのに，まったく支障がない。

といった共通する特徴もうかがわれる。（d）については，在日コリアン一世が学校で日本語を学ぶということがほとんどなかったのに対して，パラオの話者の日本語学習の出発点が公学校であったということがかかわっているのかもしれない。パラオ人が公学校入学以前に日本人の子供たちとまじわって日本語を獲得するということはあまりなく，また，公学校では，標準語を使って丁寧に話すことの教育が徹底していたようである。

一定のレベルに達したことばは衰えない

なお，（e）（f）については，「ある一定レベル以上に習得が達成されれば，その後はしばらくそのことばが使われなくとも劣化しない」ということが言われることがあるが，このデータはそのことを支持している。もちろんパラオの話者が，単語が思い出せなくて話に詰まるということは，会話をかわしていればよく目にすることである。しかし，文法面については，劣化しているために言いたいことが言えないということは，少なくとも見かけ上はあまりなかった。

〈4〉自然な環境での獲得と教室環境での学習

以上，主として自然な環境で獲得された日本語の例をいくつか取り上げ

て，その特徴を観察してみた。ここから，自然な環境で獲得される日本語と，教室環境で学習される日本語の違い，また，その違いをもたらす社会・文化的な要因が浮かびあがってこよう。

自然な環境における獲得

在日コリアン一世の日本語に見るように，自然な環境で日本語が獲得された場合，とくに，日常的な生活の場において母語話者と接触することによって獲得された場合には，その日本語は，その環境で使われている方言に近いものになる。その獲得のプロセスは，教師から誤りを指摘されて自分の作り上げた規則を修正するようなこともないために，第2章や第3章であげたような習得者の習得上のくせがもっとも顕著に表れるところである。また，シラバスに相当するものも，長期というよりは短期あるいはその場限りのものを習得者が意識的・無意識的に作り上げながら獲得を進めるものであり，何を学ぶかを決めるのは，習得者自身である。

母語話者の歩み寄り

なお，方言がどの程度獲得されるかは，日本語母語話者が習得者にどの程度歩み寄るか，例えばフォリナートークを採用することによって，どの程度方言的な特徴を避けるかといったことがかかわっていよう。表2は，京都で，方言と共通語の使い分け意識を調査した結果であるが，このうち「京都で，たどたどしい日本語を話す観光客らしい外国人に道を尋ねられたとき」（表の右端の「外国人」）には，半数近くの43.3％の人が「共通語で話すようにつとめる」と回答している（渋谷1995）。

もっとも，習得者と母語話者の親密度や，習得者の日本語能力が変わることによって，このような歩み寄りの状況が変化することも起こりうる。また，歩み寄りの程度には，地域や母語話者の年齢などに応じて違いがあることも考えられる。たとえば大阪では，外見から外国人とはっきり分かる相手に対して，英語の単語をまじえて話すなど，ほかの面では明らかにフォリナートークを使っている話者でも，「あかん」「しんどい」「やね」

表2　京都生え抜きの人々のコード切り替え意識（渋谷1995）

言葉＼場面	方言 地元道端	知人 東京電車	共通 地元道端	インタ ビュー	共通 東京道端	留学生	外国人
共通語で話すようにつとめる	7.3	10.7	29.3	30.7	39.3	38.7	43.3
方言独特の言葉が出ないようにする	0.7	10.0	14.0	14.0	17.3	14.7	15.3
家にいるときより丁寧な方言で話す	26.0	21.3	30.0	38.0	27.3	28.0	24.7
家にいるときと同じ方言で話す	64.0	56.7	24.7	17.3	12.7	18.7	13.3
できるだけ話さないようにする	1.3	1.3	1.3	－	2.0	0.0	2.7

　方言地元道端：京都弁を話す知人と地元の道端で話すとき
　知人東京電車：京都弁を話す知人と，東京の電車の中で話をするとき
　共通地元道端：共通語を話す見知らぬ人と地元の道端で話をするとき
　インタビュー：全国放送のテレビのインタビューに答えるとき
　共通東京道端：東京で，共通語を話す見知らぬ人に道を尋ねるとき
　留　学　生：京都で，日本語の上手な留学生に道を尋ねられたとき
　外　国　人：京都で，たどたどしい日本語を話す観光客らしい外国人に道を尋ねられたとき

などの方言形式を自然に使っていることが多い。次のようなケースである。
（8）　（O＝大阪人，50代男性，I＝アメリカ人，20代男性）
　　　I：すみません。K大はどこですか
　　　O：K大はこっからまっすぐ行ってね，ええと，バスでないと<u>あかん</u>，ちょっと歩くと<u>しんどい</u>ね
　　　I：あそうですか
　　　O：歩くと<u>やね</u>，時間長いね
　　　I：あそうですか
　　　O：歩いてね，ウォーク，ウォークでね。あのうね
　　　I：はい

　　　　　O：あのうバスね，乗ったほうがいいな

　　　　　　　　　　　　　　　　　　　　　（ロング1992：p.79）
　各地での実態調査が望まれるところである。

教室場面における学習

　自然な場面での獲得に対して，学習者が日本語を最初に教室で学んだ場合には，どの種類の日本語が社会的な威信を持つかを教室で指摘されることが多いので，教室の外で多様な日本語インプットに接したとしても，学習者自身がインプットを適宜取捨選択し，学習のあり方をコントロールする，例えば方言的な要素を聞いて分かるだけの段階にとどめる，といったことが起こりうる。その結果，学習者の話す日本語は，規範に即したものになりやすい，ということが言えるかもしれない。第5章で紹介した可能形式の使用状況にラ抜きことばがほとんど観察されないのは，このことと関係があろう。

　ただしその場合でも，とくに母語話者と会話をかわす機会の多い学習者などは，学習者にとって耳につきやすいところ，たとえば頻度も高く，強く発音され，ポーズの前にくることの多い関西方言の間投助詞の「な」などは，学習者のなかでいつの間にか自動化され，フォーマルな場面でも自然に使ってしまうことがある。次の例がそれである。

　（9）　でも俺たちは一だいたいな一，むこう行ったらな，むこうで切
　　　　符買ったら安くなるよ

　　　　　　　　　　（KYコーパス：中国語話者，上級一上（CAH 03））
　（10）［日本に来たのは］平成元年と思いますけどな，

　　　　　　　　　　（KYコーパス：中国語話者，上級一上（CAH 03））
　(10)はとくに，丁寧語「ます」といっしょに使われた例であり，年配の男性は別にして，母語話者は用いることがほとんどないものである。

外国語環境における教室場面での学習

　最後に，これまで取り上げなかった，外国語環境における教室場面での

学習について考えてみよう。

　外国語環境における教室場面での日本語の学習は，これまで見てきた2つの場合とくらべたとき，そのインプットと，母語話者とのコミュニケーションのあり方に特徴がある。

　まずインプットについては，学習者に対しての，母語話者からの自然なインプットが少ないという問題がある。このことはとくに，教師が母語話者でない場合に著しい。このような場合学習者は，文法に関する説明を第二言語環境における場合と同じように与えられたとしても，学習者自身が，自分のなかに組み立てた文法規則を，まわりのインプットに照らしてチェックするという機会が制限されることになる。

　一方，コミュニケーションのあり方ということでは，日本語の学習が教室内にとどまる限り，日本語を使った会話は，教師との間のもの，もしくは学習者間のものに限定される。しかもこれは，母語話者が通常経験するような，実際の目的をもったコミュニケーションではない。また会話の長さも，限られたものになりがちである。このような学習環境のもとでは，せっかく身につけた文法知識も知識としてとどまって，使える項目にはならない可能性も高い（第7章参照）。また，日本語のさまざまなバラエティに触れることもないので，聞き手に対する配慮の表現を運用する能力や，どのスタイルを使うかといったバラエティ選択能力などの，社会言語能力を身につけることもむずかしいであろう。

　以上のような，外国語環境における日本語習得上の限界を克服するのに，母語話者と話す機会を学習者にいかに提供するかが教師側の課題となり，また，教室の外で母語話者と話す機会をいかに増やそうと努力するかが学習者側の課題となることは言うまでもない。事実，海外の日本語教育の現場では，その対策がさまざまなかたちで模索され，試行されている。

最も効果的な習得環境とは

　以上，本節で述べたことをまとめると，表3のようになる。

表3　習得環境タイプの特徴

特徴点＼習得環境	第二言語環境 自然	第二言語環境 教室	外国語環境 教室
文法項目の説明	なし	あり	あり
学習項目の決定権	学習者	教師・学習者	教師
インプット	多	多	少
問題解決的会話	多	多	少
多様なことばとの接触	多	多	少

　日本語習得の環境についてこのようにまとめてみると，もっとも理想的なのは，第二言語環境において，教室場面と自然な場面での習得を組み合わせたものということになろう。

（渋谷勝己）

第11章

母語の習得と外国語の習得
子供が母語を覚えるのと大人が外国語を習うのは違う

　この章では，母語（第一言語）として日本語を学ぶ幼児と，外国語（第二言語）として日本語を学ぶ学習者の習得のプロセスを比較する。子供が母語を覚える場合と，大人が外国語を学ぶ場合では，習得のプロセスは同じなのか，異なっているのだろうか。

　この問題は，さまざまな研究者のグループで議論がなされている。人間に共通する言語習得のメカニズムが作用すると考える研究者たちは，母語も外国語も同じような習得のプロセスをたどると考えている。他方，すでに経験した学習や母語の知識などが影響すると考える研究者は同じプロセスではないと考えており，どちらが正しいかという結論はまだ出ていない。

　ここでは，第1章で扱った日本語の指示詞コ・ソ・アの表現を取り上げ，話しことばにおける指示詞の使用状況を日本人幼児と成人の第二言語学習者とで比較し，母語と外国語におけるコ・ソ・アの習得順序を明らかにする。さらに，その相違点の要因を調べるために，幼児の母親と日本語教師の発話を調査し，かれらの発話における指示詞の使用傾向を分析する。

〈1〉母語と外国語の習得研究

母語と外国語の習得の違い

　（1）は日本人の幼児の発話例であり，（2）は日本語の第二言語学習者の

発話例である。
　（1）a．小さい<u>の</u>ブーブー，通ったよ　　　　　（1歳11か月）
　　　　b．母：そんなことしたら，いかん
　　　　　　子：<u>いかんない</u>　　　　　　　　　　　（2歳1か月）
　（2）a．大きい<u>の</u>お寺
　　　　　　　　　　（KYコーパス：中国語話者，初級―上（CNH 01））
　　　　b．母語話者：大きい町ですか？（中略）
　　　　　　学習者：<u>大きいない</u>
　　　　　　　　　　（KYコーパス：英語話者，初級―上（ENH 02））
　　　　c．んー<u>前に一駅</u>　会いましょう
　　　　　　　　　　（KYコーパス：英語話者，初級―中（ENM 02））
　　　　d．<u>教えるする</u>は，好きじゃない？ですか？
　　　　　　　　　　　　　　　　　　　　　　　　（英語話者，中級）

　これらを見ると，幼児と学習者の発話には，似ている例も異なっている例も見られる。

　母語と外国語の習得の状況を比べた場合，最も大きな違いは，母語習得の場合にはすでに習った言語が存在しないが，外国語習得の場合には学習者の母語が存在するという点である。この点は，第5章でも触れたように外国語習得に母語の影響が見られるという点でも大きな違いを生む要因であると言える。

　第2点目の違いは，到達度の違いである。外国語の場合，ある一定の年齢以下の場合，母語と外国語が同時に話される環境で育つと，バイリンガルのように，両方の言語をどちらもネイティブなみに使用できるようになると言われる。ある一定の年齢とは，一般的には「臨界期」と言い，この時期を過ぎると言語の習得が困難になると言われ，7～8歳から10～12歳など具体的な年齢としては諸説ある。しかし，一般的に外国語を習得する場合は，母語が習得されてから学び始めるので，ネイティブと同じレベルまで到達して使いこなせるようになることは難しいと言われている。

　第3点目の違いとして，ネイティブと同等のレベルまで達成できないこ

との背景に，外国語学習の場合は「化石化」という現象が存在する。化石化とは，目標言語のある項目が誤用のままそれ以上正しく習得されず，いつまでも誤用として残ってしまい，それ以上の進歩が見られない状態のことである。日本語学習者の場合，日本語を10年以上学習し，とても流暢な日本語を話す外国人にも(3)や(4)のような誤用が見られ，これらは化石化している可能性が高いと言える。

(3) (夕食に呼ばれて帰る際に)
ごちそうさまでした。とてもおいしかったんです (→おいしかったです)　　　　　　　　　　　　　　　(韓国語話者，上級)

(4) …ホテルで聞けば，「あっこの辺だったら安全です」と言われたら，あそこ (→そこ) で (→に) 行けばいいですね。
　　　　　　　　　　　(KYコーパス：英語話者，上級一上 (EAH 07))

　母語習得と外国語習得の異なっている第4点目は，日常的に言語の指導や誤用の訂正があるかないかという点である。親は子供の言い間違いに対して，一般的にはほとんど訂正もしないし，言語指導も行わない。日本人の母親が子供に対して，「は」と「が」の違いを教えたり，テ形の作り方を教えたりはしない。一方，外国語の場合，多くは教育機関で指導を受ける場合が多く，ニーズや学習目的に応じて，文型練習や文法説明などを受け，授業中には教師からの誤用訂正があり，テストや作文などの添削を受けることによって，フィードバックがなされる。母語習得の場合，なぜ誤用の訂正を受けずに習得が進むのかという点は，大きな謎であり，第一言語習得また第二言語習得のプロセスの解明の要点となっている。

　最後の違いは，母語習得では子供の性格が言語習得に影響を与えないという点である。母語習得の場合，子供の性格が内気だからとか社交的でないからということで母語習得に支障がきたされることはなく，どの子も母語は習得できる。しかし，外国語の場合だと学習者の性格が影響する面があり，あまり外向的でなく，失敗を気にして常に不安を持っているような学習者は，なかなか上手になることが難しい。いわゆる情意フィルターが高い学習者は，習得がなかなか進まないのである。それに対して，社交的

で動機が高く，不安の少ない学習者は習得が進む。このことから，不安とか動機づけなどの情意要因が影響するのは，外国語習得のほうであると言える。

以上，5つの観点から母語と外国語習得の違いを考えてきたが，上記の内容をまとめると，表1のようになる。

表1　母語と外国語の習得状況の違い

項目＼習得言語	母語（第一言語）	外国語（第二言語）
学習以前の言語	ない	第一言語がある
目標言語の到達度	どの学習者もネイティブとして到達	ネイティブ並みの到達は困難
化石化	ない	ある
言語指導や誤用訂正	一般的にはない	ある
性格や動機づけなどの要因の影響	一般的にはあまりない	ある

母語と外国語の習得過程

母語と外国語の習得状況にはかなりの違いがあることが分かった。では，両者の習得過程はまったく異なっているのであろうか。第1章や第2章で，学習者は母語にかかわらず学習者特有の文法体系を作り上げていること，第3章でその背景には必然性があることなども述べてきた。さらに，第5章では，第二言語習得には母語の影響も少なからずあることも述べた。このように見てくると，母語と外国語の習得にはまったく異なったプロセスが想定される。

この問題に関して，1970年代のはじめに2人の研究者が研究を行っている（Dulay and Burt 1974）。彼らはスペイン語と中国語を母語とする6～8歳の児童を対象に英語の形態素（例えば'ing'や'ed'など）の習得順序を調べ，英語を母語とする幼児の習得順序と比べた。その結果，外国語

の場合と母語の場合とでは習得順序が異なっていた。さらに成人の形態素の習得順序を調べた結果，それも母語の場合とは異なっていることが分かった (Bailey *et al.* 1974)。

一方，母語と外国語の習得順序が類似しているという意見も出ている。ドイツ語の動詞（語順）(Clahsen and Muysken 1986)や英語の否定形の習得 (Schumann 1979) では，母語と外国語のどちらにも類似した発達段階があった。

今日まで，この問題に関しては多くの研究が行われている。その背景には，母語習得と外国語習得には多くの重要な要因が関わっており，2つの習得の類似点，相違点を明らかにすることは，それぞれの要因の解明にもつながるということがある。

要因について具体的に述べると，まず，第一は年齢の要因である。母語習得と外国語習得ではふつう学習者の年齢が違う。母語では学習者は幼児であるが，外国語の場合は成人の場合が多い。したがって，この年齢の差がどのように習得に影響をするのかが探求できる。

第二は，人間の普遍的な認知のメカニズムの要因である。母語と外国語習得が類似しているプロセスを持っていれば，年齢や学習者の母語の影響を受けずに，人間の認知のメカニズム，または普遍的な文法が作用していると考えられ，その実体解明の鍵となる。

第三には，母語の影響の要因である。外国語学習者の母語の影響はどのように作用するのか，いつまで作用するのかという問題がかかわっており，母語習得と外国語習得の比較を行うことによってその問題の一端が明らかになると考えられる。

これらの要因を踏まえて，次に日本語の指示詞コ・ソ・アをとりあげ，日本人幼児と成人日本語学習者との発達過程を見ていこう。

〈2〉母語におけるコ・ソ・アの習得

幼児のコ・ソ・アの出現

　まず，母語におけるコ・ソ・アの習得を見よう。就学前の6歳児の幼児4名の発話を調査したところ，4人全員共通で最も頻度の高かった語は全ての語の中で「これ」であり，延べ語数の約1割がコ・ソ・ア・ド語であった（大久保・川又1982）。幼児の語彙の中においても指示詞の使用の割合は高く，重要な語であると言える。

　では，幼児は具体的にコ・ソ・アの語彙をどのような順序で習得するのであろうか。これについては幼児のことばはソ系指示詞（「そこ・それ」など）の出現が遅いことが報告されている（大久保1967）。指示詞の出現は，1歳半ぐらいの時期にコ系とア系が現れ，ソ系は約半年から1年ぐらい遅れて出現するという結果であった。また，別の研究者によると（久慈・斎藤1982），「ここ・これ」がだいたい1歳半，「あっち・こっち」が1歳9か月，そしてソ系は2歳半ごろに「それ・そこ」が出てくるという。これまでの研究を総合すると，だいたい1歳半ぐらいからコ・ソ・ア・ド語が出現し始め，2歳半になるとほとんどの指示詞が使えるようになる。表2は，コ・ソ・ア・ド語の獲得順序をまとめたものである。A≒Bは，

表2　日本人幼児のコソアドの獲得順序

獲得順序	1 st		2 nd		3 rd		4 th
場所次元	ここ	≫	どこ	≒	そこ	≒	あそこ
もの次元	これ	≫	あれ	＞	どれ	≒	それ
指定次元	この	≫	あの	≒	どの	≒	その
方角次元	あっち	≒	こっち	≫	どっち	≒	そっち

（久慈・斎藤 1982：p. 234）

AとBがほぼ同時期に出現することを，A≫B（およびA＞B）は，AがBより先に出現することを表している。

表2の結果から，従来の指摘通り，コ系が早く，ソ系が遅く獲得されることが分かる。面白いのは，「ここ」や「これ」に対立するはずの「あそこ」や「あれ」の出現が遅いことである。このことから，幼児は指示詞というより代名詞として使用しているのではないかと指摘している。幼児のコ・ソ・ア習得の研究は，そのほとんどが発話をデータとして，どの指示詞が初出するかを扱ったものであり，それぞれの具体的な用法については触れられていない。

第1章では，コ・ソ・アにはいくつかの用法があることを述べた（第1章図1参照）。以下は，その用法をまとめたものである。

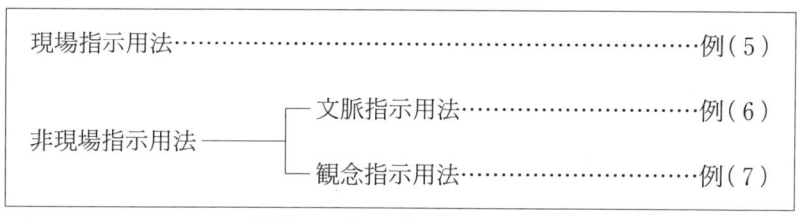

```
現場指示用法‥‥‥‥‥‥‥‥‥‥‥‥‥‥‥‥‥‥‥‥‥‥例（5）
                    ┌ 文脈指示用法‥‥‥‥‥‥‥‥‥‥‥例（6）
非現場指示用法 ──┤
                    └ 観念指示用法‥‥‥‥‥‥‥‥‥‥‥例（7）
```

図1　日本語の指示詞の使い方

（5）（Bが持っているおもちゃを指して）
　　　A：それ，買ったの？
　　　B：ううん，これ，もらったの
（6）　A：幼稚園のプールで水遊びしたんだよ
　　　B：それは，よかったね
（7）　おなか，すいたなぁ，あ，あれ，食べよう

幼児のコ・ソ・アの出現調査の発話データは，多くの場合，目の前にある事物を直接指して「これ，何？」と使う現場指示用法がほとんどである。

では，実際の物を指す用法ではなく，話の中に現れる（6）や（7）の用法はいつ習得されるのであろうか。

児童のコ・ソ・アの発達

　小学生・中学生・高校生・大学生を対象として，小学校の国語の教科書から問題文を作成し，指示詞で指した文脈を正しく理解しているかどうかを調査した研究がある（寺津1983）。それによると，児童が大人と同じように文脈から正しく指示内容を指摘できるのは，12～14歳ぐらいであるとしている。また，別の調査で，コ・ソ・アの三肢選択のテストを行ったところ，小学校4年では70％，中学2年で90％の正答率を示し，中学校ぐらいで文脈指示機能が完全に習得されることが分かった（久慈・斎藤1985）。この調査で興味を引く点は，分からない場合はア系を使用する傾向が強いことが指摘されているところである。

　話しことばの調査から児童期のコ・ソ・アの習得を調べた研究がある（迫田1998）。小学校1・3・6年の児童10人ずつに1時間の対話を行い，その中に使用されるコ・ソ・アの用法を調べている。その結果，小学校1年では，短文が多く，文脈を指示詞で受けて談話を構成することが少ないこと，(8)のように対話相手は必ずしも知っているわけではない指示対象に対して，共通話題を指すア系指示詞が使われる傾向があることが分かった。

　（8）ピコピコするゲームが，あるじゃろー？　あれとかしてからねー
　これは話し手である小学校1年のY君が，聞き手も「ピコピコするゲーム」を知っていると思っている。それは，「あるじゃろー（あるでしょ）？」という確認の文末表現から推測され，その上で指示対象の「ピコピコするゲーム」を「あれ」で指している。このようなア系指示詞の多用については，自分の知っていることは，相手も知っているという一種の自己中心性によって，ア系が使用されるのではないかという見解がある。

母語におけるコ・ソ・アの習得の謎

　これまで，日本の幼児と児童のコ・ソ・アの発達について述べてきた。その結果，分かったことをまとめると(9)のようになる。
　（9）a．幼児の発話には，まずコ系・ア系が出現し，その後少し遅れ

てソ系が出現する。
b. 文脈における指示詞の理解は，12〜14歳で成人と同程度に到達する。
c. 文脈における指示詞の使用は，低学年児童では対話相手が知らない指示対象でもア系が選択される傾向が見られる。

このような傾向は，果たして日本語を外国語や第二言語として学んでいる日本語学習者と同じなのだろうか。この問題の解明のために，これまでの日本語の習得研究のデータと比較してみよう。

第1章での調査結果は，日本語学習者の対話調査の発話資料にもとづいており，研究対象は非現場指示用法の文脈指示用法と観念指示用法である。しかし，従来の幼児のコ・ソ・アの研究では用法の分類がなされていないので，実際にはどのような用法が使用されているのか分からないという問題がある。

そこで，母語と外国語の習得を比較する上で，これまでの母語の習得研究を振り返り，どんなことが依然として問題点となって残っているのかをまとめてみる。

(10) a. 文脈を指す調査は，児童（6〜7歳以上）を対象としているが，幼児の発話データで行われた分析研究はないのか。
b. 事物を直接指す以外の用法（非現場指示用法）では，幼児はどの系列の指示詞を最初に習得するのか。また，どんな順序で習得するのか。
c. 自己中心性を象徴するア系の指示詞は多用されているのか。

これらのことから，母語と外国語の習得を比較するためには，幼児の話しことばをデータとして，指示詞の用法別の使用を調査することが必要であることが分かる。

そこで，次に日本語を母語とする幼児の発話資料をもとに，使用された指示詞の用法と系列を調査した研究を見てみる。

〈3〉母語と外国語のコ・ソ・アの習得

幼児の発話に見られるコ・ソ・アの用法

　保育園と家庭における2～4歳の日本人幼児の会話から指示詞コ・ソ・アの非現場指示用法の使用状況を分析し，習得の傾向を観察した（迫田2001b）。

　調査の方法は，保育園では調査者（聞き手）が，家庭では母親が1対1で幼児とままごと・お絵描き・粘土などで遊びながら対話をし，その会話（30分～60分）を発話資料とした。幼児の平均年齢と対象の人数は表3の通りである。

表3　調査対象の日本人幼児の平均年齢と人数

	保育園		家庭	
	人数	平均年齢	人数	平均年齢
2歳児	10名	2歳8か月	6名	2歳6か月
3歳児	20名	3歳6か月	6名	3歳7か月
4歳児	20名	4歳4か月	6名	4歳6か月

　調査の結果，幼児の発話に出現したコ・ソ・アの用法を表4に示す。○は文脈指示用法を，●は観念指示用法の出現を表し，左側の結果は保育園児の場合，右側は家庭での親子会話の結果を表している。各項の左端の数字やアルファベットは各幼児を表し，保育園の2-03は，2歳児の3番の幼児を，家庭の2-Aは，2歳児のAの幼児を表している。調査中の会話に指示詞の使用がなかった幼児は，番号やアルファベットを記載していない。また，＊は誤用が1例ずつ含まれていることを示す。

　表を見ると，全体的に観念指示用法（●）が文脈指示用法（○）に比べて早く出現している。文脈指示用法が出現している場合には，だいたい観念指示用法も出現しており，観念指示用法のほうが文脈指示用法より早く習得されると考えられる。

表4 母語習得における指示詞コ・ソ・アの用法別の使用

保育園							家庭						
用法	文脈指示用法			観念指示用法			用法	文脈指示用法			観念指示用法		
幼児	コ	ソ	ア	コ	ソ	ア	幼児	コ	ソ	ア	コ	ソ	ア
2-03						●	2-A						●
							2-B				●		●
							2-C				●		
							2-D				●		●
							2-E				●	●*	
							2-F				●		●
3-06						●	3-A					●*	
3-15				●		●	3-B		○				●
3-20				●		●	3-C						●
							3-D						●
							3-E		○	○			●
							3-F			○			●
4-05		○	○			●	4-A	○	○				●
4-09		○					4-B	○					●
4-11		○					4-C		○				
4-13		○		●		●	4-D	○					●
4-17			○			●	4-E	○		○			●
4-18		○											

　また，家庭調査の幼児の場合，観念指示用法は2歳から4歳のほとんど全ての幼児に使用されており，中でもア系やコ系が多いことが分かる。具体的な発話例を見てみよう。

　(11) 家庭幼児（2-B，2歳5か月）の発話例（ア系観念指示用法）
　　　（チョコレートを食べていて，誕生会でそれをもらったのを思い出して）
　　　母親：Yくん，お鼻出とるよ
　　　Y君：今日，あそこでね，あそこで電気消して，ハッピー…
　　　母親：あそこで？

(12) 保育園幼児（3-15，3歳9か月）の発話例（コ系観念指示用法）
聞き手：はい，どうぞ（お絵描きのための紙を机の上に置く）
O君：うーんと，何描こうかねぇ，<u>これ</u>描こう（発話の後，赤いクレヨンでバスを描き始める）バスで…

また，家庭では3歳，保育園では4歳児から文脈指示用法が出現しており，ソ系とア系の指示詞は見られるがコ系の指示詞は見られない。

(13) 家庭幼児（3-B，3歳11か月）の発話例（ソ系文脈指示用法）
N子：あすかちゃん［N子の友だち］ね，幼稚園に来てないんです，それから一人だけでお留守番でママがいないので<u>そういうわけなの</u>
母親：そうですかぁ

(14) 保育園幼児（4-05，4歳5か月）の発話例（ア系文脈指示用法）
Y子：あのね，ちっちゃいやつが<u>あるじゃろう</u>，パソコンみたいな
聞き手：うんうん
Y子：<u>あれ</u>，<u>あれ</u>
聞き手：テレビゲーム？

これらの文脈指示用法は出現頻度が低く，対話であっても独り言的な会話が多くみられ，意味不明な部分が多い。(14)を見ていると，先の小学校低学年の児童の「ピコピコするゲーム」とよく似ていることに気づかされる。Y子は聞き手も知っていると思い込んで，ア系指示詞を使用している。

以上，幼児との対話調査の結果をまとめると，(15)の3点に集約でき，結果として母語の場合のコ・ソ・アは，(16)のようなプロセスが考えられる。

(15) a. 観念指示用法が文脈指示用法より早く出現する。
　　　b. 観念指示用法は，2歳〜4歳全員に出現しており，ア系やコ系が多い。
　　　c. 文脈指示用法ではソ系とア系が多く，ソ系使用に若干誤用が

見られる。

(16) 【日本人幼児の指示詞コ・ソ・アの出現順序】
　　　ア・コ系観念＞ソ系文脈≧ア系文脈＞（コ系文脈）

母語と外国語の習得の比較

　外国語習得の成人学習者の発話データに関しては，第1章で取り上げているので，それを参考にする。第1章では，調査結果にもとづいて第二言語習得の成人学習者の指示詞用法の出現順序を(17)の通りであると提示した。

(17)　コ系文脈 ≧ ソ系文脈 ＞ ア系文脈 ＞ ア系観念

　母語と外国語の調査の結果を比べてみると，両者の出現順序には(18)に示されるように，いくつかの点で明らかな違いが見られる。

(18) 【母語の場合の出現順序】
　　　 ア・コ系観念 ＞ソ系文脈 ≧ ア系文脈 ＞（コ系文脈）
　　　【外国語の場合の出現順序】
　　　 コ系文脈 ≧ ソ系文脈 ＞ ア系文脈 ＞ ア系観念

　まず，第一に，最も早く習得される用法が両者では異なっている。母語習得の場合は観念指示用法が最初に出現するのに対し，外国語習得では文脈指示用法が出現する点があげられる。

　第二に，母語では早い段階で見られる観念指示用法は，外国語の場合，かなり遅い段階で出現する。

　第三に，外国語の初期に見られるコ系文脈指示用法は，母語にはほとんど観察されない。

　以上の比較から考えると，指示詞コ・ソ・アに関しては日本人幼児の母語習得と成人学習者の外国語習得は，同じ順序をたどるとは言えないことが明らかになった。では，これらの違いはどこから来るのであろうか。そこで，次の節では母語と外国語の習得の違いを産む要因を考えてみる。

〈4〉コ・ソ・アの習得に影響を与える要因

学習者自身の要因

両者の違いについて考える場合，まず幼児に観念指示用法が早く出現し，文脈指示用法が後に習得される要因として，幼児の「自己中心性」と「言語の未発達」が挙げられる。自己中心性の要因で考えると，幼児は対話相手の存在を配慮せずに自分の領域だけで判断するため，幼児自身が知っていることは聞き手も同じであると考えてしまい，ア系指示詞が使用されると解釈される。

言語の未発達という要因で考えると，2〜3歳児は指示詞の指示対象を言語文脈で示すことは困難であると考える。「お母さん，この間ディズニーランドで買った，ミッキーマウスが出ている，赤い表紙のビデオが見たい。」というような文ではなく，おそらく「お母さん，ミッキーのあれ見たい。」などのように言語文脈で説明しないで，幼児の頭にある指示対象はそのまま観念指示用法として聞き手に「あれ」で示される。

次に，成人学習者に文脈指示用法が早く観念指示用法が遅い点に関しては，幼児の場合と反対のことが言えよう。つまり，幼児は言語発達が未熟なため文脈化することに困難さを伴うが，成人の場合は逆に文脈が形成できるため会話で話したい内容があると，積極的に使用すると思われる。また，観念指示用法が遅く習得されるのは，この用法が教科書に取り上げられておらず，実際に上手になるには長い年月かけて親しい友人との会話から学ぶしかないため，親しい友人ができるまではなかなか習得が難しいからだと考えられる。

幼児にア・コ系観念が早く出現する点と成人にコ系文脈が早く出現する点について，彼等を取り巻く周囲のインプットが要因となっていることも考えられる。そこで，母親と日本語教師の発話について調べてみよう。

母親の発話

本研究で行った家庭での調査に参加した日本人幼児の母親の発話を各幼

児の年齢別に分けて，コ・ソ・アの用法別の割合を出して比較を行った。また，比較するために，一般の日本語話者10名（成人の日本語母語話者同士）の発話も収集し，用法別の使用割合を求めた。図2はその結果をグラフに表したものである。

　図2のグラフから，一般の日本語話者と比べて，母親の発話にはソ系の文脈指示用法が少なく，(19)のようなア系の観念指示用法が多いことが分かる。また，3歳，4歳と年齢が高くなるにつれて，ア系文脈が増えて，会話の中において文脈で示す使い方をしていることが分かる。これは，幼児の言語発達に応じて，母親のほうも文脈で説明をする割合が増えていることが想定される。全体的に見て，文脈指示用法と観念指示用法を合わせると，母親の多くは指示詞使用の半分以上ア系指示詞を選択していると言える。

　(19)　3歳児の母親の発話例（ア系観念指示用法）
　　　　K君：［ワープロを見ながら］これ，おもしろいねぇ
　　　　母親：これ，ワープロっていうの
　　　　K君：なんで？
　　　　母親：べべべって，コンピューターみたいでしょ，あっこの…
　　　　K君：うん，ガムのこう持ってはるあのコンピューターの藤宮のコンピューター

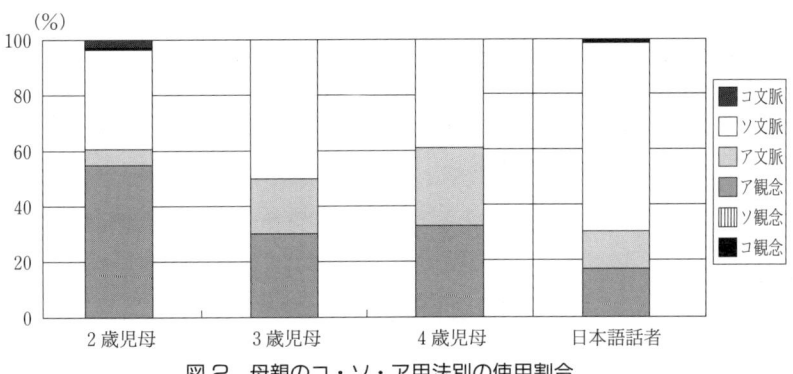

図2　母親のコ・ソ・ア用法別の使用割合

教師の発話

次に，成人日本語学習者の周囲のインプットを調べてみよう。第1章で調査した学習者は，全員同じ日本語学校に1年間通っていた。その日本語学校の日本語教師2名に依頼して，彼女たちの普段の授業での日本語を初級レベルクラスと上級レベルクラスで収集した。これも比較のために先の一般の日本語話者のデータと合せて図3のグラフに示す。「教師A（初）」とは初級レベルクラスでの教師Aの発話を示し，「教師A（初）」と「教師A（上）」は授業のレベルが初級か上級かを示し，教師は同一人物であることを指している。

図3から，日本語教師の発話は一般の日本語話者の発話における指示詞使用とはかなり異なっており，ア系指示詞があまり見られず，(20)のように初級の授業ではほとんどコ系文脈で占められていることが分かる。日本語教師の発話にコ系文脈が多いのは，次のような発話が多く，ことばで説明して学習者に提示しなければならないという教師発話の性格から来るものだと思われる。

(20) 教師A：［授業で動詞「～をします」の説明をしている場面］
　　　　　　えーっと，勉強をします，仕事をします，旅行をします，買い物をします，散歩をします，これは，えーと，名詞，「旅行」に，後ろ，「します」［をつけて］「旅行

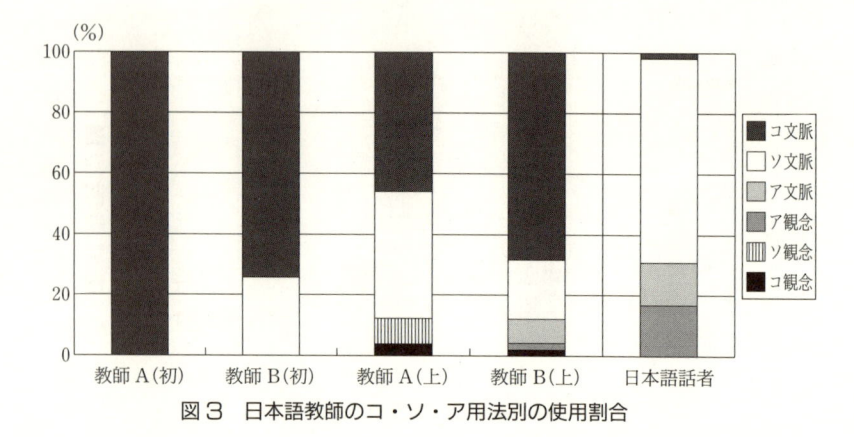

図3　日本語教師のコ・ソ・ア用法別の使用割合

をします」，勉強，勉強，名詞ですね

　以上，母親と教師の発話を分析した結果，それぞれ用法に異なった特徴が見られた。母親にはア系観念指示用法が多く，教師にはコ系文脈指示用法が多く使用されていた。これらが，幼児や成人学習者の母語習得や外国語習得へ影響を与えている可能性は十分に考えられるのではないだろうか。

言語習得に影響を与える要因

　指示詞コ・ソ・アを材料として，母語と外国語の習得は似ているのか違いが見られるのかを調べてきた。その結果，習得順序は同じとは言えないという結果が明らかになった。そして，その結果の原因として，周囲のインプットである母親や教師の発話が影響を与えている可能性が示された。

　つまり，日本語の指示詞に関して母語にしても外国語にしても，彼らが置かれている言語環境のインプットが習得に何らかの影響を与えており，それが習得順序の違いを生み出している可能性が観察された。

　では，母語と外国語の習得はまったく異なったものであると言いきれるのであろうか。今回の指示詞コ・ソ・アの母語と外国語の習得順序は，コ・ソ・アの用法別の観点においては異なった結果となったが，部分的な点で類似点がまったく見出せなかったわけではない。

　たとえば，第1章で述べたように，成人学習者はコ・ソ・アを使い分けようとしているのではないこと，「これ」「あの」が出現してもそれらに対応する「あれ」や「この」が出てきていないことが指摘されていた。このことは，本章〈2〉の「母語におけるコ・ソ・アの習得」で幼児の発話に「ここ」や「これ」に対応する「あそこ」や「あれ」が出現していないことから，指示詞としてではなく代名詞として使用しているのではないかという指摘があったことと共通している。

　また，成人学習者が指示詞の言語処理として，「あの人」「そんなこと」などを1つのかたまりとして覚えて使っている可能性があるという点は，幼児のソ系指示詞の使い方にも似たような傾向が観察される。

　(21)　家庭幼児（3-B，3歳11か月）の発話例＝(13)

> N子：えっとね，あすかちゃんがね，今ね，おこってね，あすかちゃんのママが来てね，<u>そういうわけ</u>でね，帰っちゃったんです
> 母親：帰っちゃったんですか
> N子：あすかちゃんね，幼稚園に来てないんです，それから一人だけでお留守番で，ママがいないので<u>そういうわけな</u>の

(21)の発話例では，「そういうわけ」という語が固まりで覚えられている可能性，つまりユニット形成のストラテジーを使っている可能性がある。実際，ひと固まりの表現である定型表現は，母語習得にも外国語習得にも見られる現象であるが，指示詞を伴う名詞句も同様に捉えられている可能性が高い。その意味では，母語習得と外国語習得には同じ特徴があると言える。

　このように見てくると，母語の習得と外国語の習得は，同じ道をたどるのか否かという二者択一的な問題ではなく，習得プロセスの中に異なっている部分と類似している部分が複雑に存在すると考えられる。今回の調査で，用法においては指示詞コ・ソ・アの習得順序の違いが現れ，その原因としてインプットである母親と教師の発話の違いを挙げたが，母親も教師もその形式があまり変わらないことが想定される否定形や助詞の場合では，母語と外国語の習得順序は果たして同じになるのであろうか。あるいは両者の習得に明確な違いが現われるのであろうか。また，学習者の年齢にともなった発達の違いは習得にどのように影響するのだろうか。残された課題は依然として多い。母語と外国語の習得の比較研究は，さまざまな習得要因が影響している重要な領域として，多方面で興味が持たれており，それぞれの研究からの成果を期待したい。

（迫田久美子）

第12章

習得研究の過去と未来
習得の仕方を調べるといろいろなことが分かる

　本書ではこれまで，第二言語，とくに第二言語としての日本語の，文法習得ということをめぐって，さまざまな問題を取り上げて検討してきた。
　まず，学習者の文法の実態とその形成過程ということについて，以下のような話題を取り上げた。
- （a） 学習者の構築する文法には独自性があること（第1章）
- （b） 学習者が文法を構築する方法には一定の特徴があること（第2章）
- （c） 学習者の文法は合理的なものであること（第3章）
- （d） 学習者の文法に独自性をもたらす要因は多様であること（第4章）
- （e） その大事な要因の1つに，学習者の母語の影響があること（第5章）

また，一口に文法習得と言っても，その内部には，
- （f） 学習者が各文法項目を習得するのに，難易度の違いがあること（第6章）
- （g） 文法の習得ということの内容には，1つの項目について，形態・用法・対立・運用など，いくつかの側面があること（第7章）

といった，複雑な面があることを指摘した。

さらに，習得研究の成果を教育の現場に活かす試みとして，
  （h）　効果的な練習法とはなにか（第8章）
  （i）　効果的なカリキュラムとはどのようなものか（第9章）
といったことを考えてみた。

あわせて，われわれが接することの多い，成人が教室で第二言語を学ぶ場合の特徴を浮き彫りにするために，
  （j）　教室での学習と自然な場面での獲得に見られる共通点と相違点（第10章）
  （k）　子供の母語獲得と大人の第二言語習得に見られる共通点と相違点（第11章）
の2点について概観した。

本書最後の本章では，こういった習得研究がどのような問題を契機にしてどのように進展してきたのか（〈1〉），また，そのような研究は，日本語教育の現場にどのように活かされるべきなのか（〈2〉），さらに，習得研究は，今後，どのような方向に進んでいくべきなのか（〈3〉），その問題点を整理しながら展望してみることにしよう。

〈1〉過去の第二言語習得研究を振り返る

本節ではまず，これまで行われてきた第二言語習得研究について，その史的展開の状況をスケッチしてみよう。

まずは「母語の影響」から

第二言語習得をめぐって行われた研究は，外国語教育ということとはじめから密接に関連していた。教える立場にしてみれば，いくら丁寧に教えても，学習者は，その話すことばの特徴から，外国人であることがすぐに露見してしまうといった問題があったわけである。

この，学習者の用いる第二言語に外国人的な特徴をもたらす要因は何なのか。

真っ先に考えられることといえば，学習者の母語である。この，生まれたときから身についた母語の習慣が，第二言語を話す際にも否応なく持ち込まれるために，即座にその出身地が分かってしまうのだ。
　習得研究の出発点は，このような問題意識にあった。まとめれば次のようになる。

　　問題 1：母語と習得しようとする言語が同じような特徴をもっていれば，母語の影響があっても問題はなかろう。しかし，それらが違えば，外国人なまりは避けがたい。ここが問題のありかだ。学習者の母語と学習言語はどこが違うのか，詳細に検討しなければならない。

　この問題意識は，当時の著名な研究者のことばを借りれば，次のようになる。

　　外国語に接した学生はその言語の特性のあるものは極めて容易と，他のあるものは極めてむずかしいと感じるものとわれわれは仮定する。母国語［筆者注：現在では，「母国語」とは言わずに「母語」というのがふつう］と類似の要素は彼にとってはごく簡単であろうし，母国語にない要素は非常にむずかしいと思われる。外国語と母国語との比較により，教師は学習上の実際の問題点がどこにあるかを良く知ることができ，したがって一層よく教授準備ができるわけである。（ラド－ 1959：p.6）

　ここには，「容易」「むずかしい」と感じるのは学生であると書かれているが，それが事実であるか否かは，この時代にはまだ検証されていない（「仮定する」「思われる」ということばに注目）。また，このような主張を行っているのは，あくまで教師であることにも注意されたい。
　このような問題提起を受けて教師や研究者は，学習者の母語と学習言語が異なるために学習者が問題をかかえそうなポイントを，いろいろ探すことに着手した。いわゆる対照分析である。

予想と違う！

さて、上のような考え方に立てば、日本語を学ぶ英語母語話者は、

（1）　私は　読む　本を　毎朝（語順）
（2）　私は　に東京　行く（語順）
（3）　私は3本の鉛筆たちをもっている（複数形）

といった文を作ってもおかしくはない、はずなのに、そんな誤用はほとんど見当たらない。また一方では、

（4）　私は　背が　高いだ

などという、英語と日本語をくらべただけでは予想もできなかった文が、学習者のことばのなかに頻繁に出てくる。しかも（4）のような文は、英語母語話者だけの専売特許ではない。中国語やフランス語を母語とする学習者も、同様に口にしているものである。

これはどうしたことか。

この発見から、新たな興味が生じてきた。

　問題2：そもそも、それぞれの習得段階において学習者が使う言語はどのようなものなのか。初心にもどって、学習者のことばの実態を詳細に検討してみよう。

誤用分析の始まりであり、現在の中間言語研究へと発展する流れの源泉である。

誤用分析の貢献

学習者の母語と学習言語という2つの言語を、いわば学習者抜きで検討するという、対照分析が採った教師中心的な立場を脱出して、学習者自身はそもそもどんな間違いをおかしているのか、という、学習者サイドに視点を置く立場に切り替えることに成功した誤用分析は、次の大事な2点を指摘した。

（a）　学習者の母語にかかわらず、同じ誤りが出てくることがある。
（b）　学習者は、単なる模倣マシンではない。（時に、学習言語にはない独自の）規則を作り出す能動的な主体であり、（a）はその結

果である。

　これらのことについては，本書でも，第1章で例にあげた指示詞をはじめとして，その実態をつぶさに観察し，またそれが意味するところの重要性を随所で強調してきたつもりである。その規則作りには，学習言語内部の事情（第3章），あるいはインプットのあり方（第11章）などが積極的にかかわっていることもまた，本書でふれた通りである。対照分析の時代には否応なしに第二言語に持ち込まれるものと想定されていた学習者の母語の特徴も，実は一方では，学習者が規則を作るために能動的に活用する材料でもあった（第5章〈4〉）。

わき出る疑問

　研究はさらに展開する。
　　問題3：母語の違いにかかわらず，学習者には同じような誤りが出てくるという。では，個々の学習項目を習得するとき，学習者の頭のなかでは，そもそもどのような処理がなされているのだろうか。
　　問題4：その処理のあり方が同じであるために同じ誤りが出てくるのだとすれば，もしかしたら学習者は，個々の学習項目を，同じような順序で習得していくのではないのか。
　　問題5：学習者が独自の文法規則を作り出すといっても，世界の言語に例を見ないような，突拍子もないものを作り出すことはない。たとえば初級の学習者でも，
　　　　　（5）　太郎が書いた　を　本　読んだ
　　　　が日本語の文らしくないことは，すぐに判断できる。それはなぜなのか。

人間探求の学問

　問題3については，人間であれば同じような処理を施すという普遍性がかいま見られることを，本書第2章，第3章，第6章などで，しばしば指

摘してきたところである。それらをより一般化して言えば，次のようにまとめることができる。

  （c） 人には，生まれつき備わっている言語の解析装置がある。たとえば，

   （c-1） 人には，対象を合理化して，学びやすいものにしたいという欲求がある。(第3章)

   （c-2） 人には，話線のなかで，注目しやすい場所がある。

   （c-3） 人には，(習得段階に応じて) 一度に処理できる範囲がある。(第2章)

など。(c-1)については，教室などで学習者に，はっきりとした文法規則の説明をたびたび要求された経験をお持ちの方も多いであろう。(c-2)については，たとえば，単語や文の最初と最後，ポーズの前後などが，学習者に最も注目されやすいところであることが分かっている。第10章で指摘した，「な」などの間投助詞が，自然な習得場面で(のほうが)比較的容易に習得されることなどは，このことと関係がある。

 問題4については，

  （d） (教師がどのように教えても) 学習者は同じ順序で習得する。

といった結果が，さまざまな調査で指摘されてきた。このような結果と，問題5にあげたような知見から，第二言語習得研究は，人間そのものの研究へと，視野を大きく拡大する。

 問題6：言語を習得する人間の脳は，どのような（生理的・認知的）構造をもっているのか。人間の言語習得装置とは，どのようなものなのか。

という問題提起のなかでの研究である。しかしこの話題は，本書におけるわれわれの当面の目的を大きく逸脱するので，この話はここで終わりにして，本書の課題である，第二言語習得の問題にもどろう。興味のある方は，エリス（1988：第6章・第8章）やラーセン・フリーマン&ロング（1995：第7章）などから読み進められたい。

学習者間の個別性の追究

今度は，上で述べた普遍性とは逆の，学習者間に見られる個別性の問題である。

問題7：学習者のなかには，一方では習得が早く進む学習者とそうでない学習者がいる。また他方には，かなりの段階まで習得する学習者とそうでない学習者がいる。このような，学習者間の個別性をもたらす要因は何なのか。学習者の性格や動機，はたまた根本的な言語能力などが関係しているのだろうか。

この，学習者の個別性の問題については，これまで，次のような要因と関連づけて検討されてきた。

表1 学習者の多様性をもたらす要因

学習者自身の問題	(1)	年齢
	(2)	性格
	(3)	学習動機
	(4)	学習言語や，学習言語が話される社会への態度
	(5)	言語を理解するときの個人的なくせ
	(6)	学習の技術（どのように記憶するか，どのように練習するか，など。オクスフォード（1994）参照）
習得の環境の問題※	(7)	自然獲得・教室学習
	(8)	第二言語環境・外国語環境

※第10章参照

(1)の年齢については，何歳までに習得を開始すれば学習言語が母語話者と同じようなレベルにまで到達することができるのか，という，いわゆる臨界期（言語形成期）の問題がある（第11章〈1〉参照）。(2)の性格については，学習者が内向的か外向的か，どの程度不安を感じるか，リスクを恐れるか恐れないかといったことが，また(5)の言語を理解するときの個人的なくせということでは，コンテクストのなかで文の意味を理解するかコ

ンテクストから切り離して文を理解しようとするか，ことばを細かいところまで文法的に分析して捉えるかそれとも慣用的な決まり文句のようにごく大ざっぱに大づかみに捉えようとするか，といったことが習得のあり方と関係するかどうかが検討されている（エリス（1988：第4章）やラーセン・フリーマン&ロング（1995：第6章）などを参照）。

しかし分からない

　しかし，ことがことだけに，なかなか解決を見るまでにはいたらない。調べ方が悪いのか，はたまた見落としている大事な要因があるのか。複数の要因が複雑にからみあっているだけに，個別の要因を明確に取り出すことが困難な問題である。現場に立つ教師は，どのような学生がどの段階まで到達する可能性があるのか，直感的に言い当てることができるのかもしれないが，それを，誰もが納得できるかたちで説明することは，今後の課題として残されている。

〈2〉習得研究は教育現場に役に立つのか

　さて，第二言語習得研究の過去を振り返ったところで一息ついて，第二言語習得研究と日本語教育との関係について考えてみよう。第二言語習得研究は，日本語教師の役に立つのか。

　本章〈1〉で見たように，現在の第二言語習得研究は，一方では，「人間とはなにか」という大きな問題に取り組んでいて，言語教育の問題とは直接にはリンクしていないところがある。しかしまた一方では，第二言語習得研究（対照研究）が言語教育の問題を根底に据えて出発したように，言語教育とは切っても切れないきずながある。

誤用分析と言語教育

　誤用分析についても，その作業は，
　　［1］　学習者のデータ（作文・スピーチなど）の収集

[2]　誤用であることの認定
　[3]　誤用の分類，原因の特定（どのような種類の誤用があるのか）
　[4]　誤用の計量化（どのような種類の誤用が多いのか）
　[5]　教育への還元（[4]の結果をふまえ，多いものから）

といった順番で進められ，最終的には成果を教育に応用することを目指していた。中間言語研究の成果もまた，言語教育に応用することが可能である。

　では，具体的に，どのようなかたちでそれが可能になるのだろうか。

まず相手を知る

　対照分析が教師や研究者サイドの一方的な作業だったのに対して，誤用分析や中間言語研究がむしろ学習者の内部に焦点を当てた分析であることは，すでに本章〈1〉で述べた。1つの解答はここにある。たとえて言えば，「彼を知り，己を知れば百戦あやうからず」の『孫子』のことばのうち，「彼を知り」に該当するところが誤用分析や中間言語研究，「百戦」の表すところが日本語教育といったことにでもなろうか。「己」が教師自身であることは言うまでもない。第二言語習得研究は，教師の側から見れば，共同でこと（＝言語学習）に当たる相手である学習者を知る作業である。研究成果の応用ということを考えるためのベースは，このことをおいてほかにはない。

応用のありか

　第二言語習得研究の成果を言語教育に応用する方法として考えられることには，少なくとも次のようなことがあげられよう。

　（a）　各学習項目について，学習者の習得する順序をそのままシラバスに反映させること。
　（b）　教育の場において，習得すべき文法項目のうちどの項目を強調し，どの項目を学習者の自主的な習得に任せるかを判断すること。

（c）関連して，学習者の作文や口頭表現に見られる誤用のうち，どれを訂正し，どれを訂正しないかを判断すること。

> 1つの事例：可能文

　たとえば第5章で取り上げた可能文については，習得順序を反映させた次のようなシラバスを構成することができるであろう。
　　［1］まず，初級後半において，
　　　　　（6）わたしはテニスができます
　　　　　（7）A：あなたは，家で，研究ができますか
　　　　　　　 B：はい，できます
　　といった例によって，学習者に使われることの多い「（～が）できる」を提示し，可能表現に関する最小限の言い方が使えるようにする。この段階では，学習者のことばのなかに，
　　　　　（8）わたしは，<u>レポートができます</u>（→レポートが書けます）
　　　　　（9）わたしは，あした，<u>梅田に行くができます</u>（→行くことができます）
　　といった誤用が現れても，訂正しない。
　　［2］次に，「することができる」という形式を教えることによって，すべての動詞について可能文が作れるようにする。
　　［3］最後に，「することができる」と同じ意味を表すかたちとして，また，より口語的な表現として，可能動詞と助動詞「られる」があることを提示する。
　ただし，このうち［3］については，学習者が外国語環境にある場合にはこの順番でよいが，第二言語環境にあって日本人と接触することが多い場合には，これらの形式を耳にすることが予想されるので，知識としてだけでも［1］［2］と同時に簡単に提示する必要があるかもしれない。

直しすぎに注意

　なお，(b)(c)については，すでに第1章などで，学習者であればほぼ誰でも一度は通過する習得段階というものがあり，そこには，学習者にとってはごく当たり前の規則であっても，母語話者の目から見れば誤りというものが多くあることを確認した。これらの「誤り」のうちのいくつかは，放っておいても学習者が自力で修正していくことのできる種類のものである。教師のなかには，とくに自分が教師であるという意識が強い場合，学習者のおかす誤りを1つ1つ丁寧に訂正しようとする人があるが，このような発見は，その必要性を否定するものである。

地図とドライバーとナビゲータ

　以上のようなことを踏まえれば，教育ということを視野においた第二言語習得研究の役割，あるいは教師の役割は，さらに，次のようにたとえることができるであろう。学習者と教師の協力関係に注目すれば，先の『孫子』のたとえよりもこちらのほうが適切である。

(A) 　第二言語習得研究の役割は，第二言語の習得ということをゴールとする，詳細な地図を描くことである。ここで地図に記載される道は，「もしかしたら通れるかもしれない道」ではなく，「実際に人が通ったことのある道」であり，「多くの人が通る道（大通り）」と「ほんのわずかな人しか通らない道（路地）」が区別されているものである。

(B) 　日本語教師の役割は，学習者というドライバーに適切な指示を出すナビゲータに相当する。

　ドライバーは，もちろん自力でも目的地にたどりつくことはできるが（自然獲得の場合），適切なナビゲータがいれば（教室での学習の場合），近道を通って，あるいは同じ道を通っても迷うことなく，より早く目的地に到着することができるであろう。ナビゲータが，道の広さや，1件1件の建物の大きさ・色まで記載された詳細な地図をもっており（習得研究の成果の把握），またドライバーの性格を把握していれば（個々の学習者の

特徴の把握)，なおさらのことである。

第二言語習得研究へのいざない

さて，ここまで読んでこられた方のなかには，第二言語習得研究の効用はよく分かったが，自分で研究することはちょっと，と考えられた方も多いのではないだろうか。

もちろん自分で研究しないでも，第二言語習得研究の行方を見守ることによって，自分の行う教育を豊かにすることはできる。

しかし，教育の現場にある日本語教師は，研究のためのデータを豊富に入手できるという即物的な理由以外にも，学習者が日本語を習得する状況を，時間を追ってつぶさに観察できるというメリットがある。また，学習者を，同じ授業時間数のなかでできるだけ上のレベルの習得段階に到達させたいという動機をもつという点においても，大学にある研究者などにくらべて，格段にめぐまれた研究環境にあると言える。

あるいは，現場にある教師は，すでに無意識のうちに第二言語習得研究を行っているといってもよい。たとえば，去年はこのように教えて失敗したが，今年は別の教え方をしたらみんながスムーズに習得した，といった経験をおもちの方は多いであろう。こういった反省は，すでに第二言語習得研究の枠内である。この「直感」をいわゆる「研究」にまで昇華させるためには，

(X) Aの教え方とBの教え方では，Bの教え方のほうが効果があったと思うとき，Bが本当に効果があったということを，計画的に調査をデザインし，統計処理を施したりして，他人を十分に納得させるかたちで提示すること（具体的な方法については，ラーセン・フリーマン＆ロング (1995：第2章) などを参照）。

(Y) そして，なぜBの教え方のほうが効果的だったのかを考えること。

といった作業を，これに加えることになる。

次の〈3〉では，自分でも研究してみようと思われた方のために，今後

の課題として残されている問題をいくつかまとめてみることにしよう。

〈3〉今後の第二言語習得研究に託されていること

本章〈1〉の最後で，
　　問題7：習得のあり方の個人差（再掲）
を説明することの難しさについてふれたが，習得研究にはそのほかにもまだ残されている問題が多い。また過去に取り組まれてきた問題群も，必ずしも十分に解明されているわけではない。

本節では，今後，第二言語習得の研究をやってみようとお考えのかたの指針になりそうな，いくつかのポイントや問題のありかをあげてみることにしよう。

できるだけ多くの言語を対象に

まず第1に，これまでの第二言語習得研究は，その学習者人口の多さを反映して，英語を習得する場合のことを対象とすることが圧倒的に多かった。〈1〉であげた第二言語習得の普遍性も，そのほとんどは，実は，英語を習得する場合だけを研究したもののなかから提唱されたものである。ここで次の問題を指摘することができる。
　　問題8：学習言語が英語以外の場合の習得のメカニズムはどのようなものなのか。それは，英語を習得する場合と同じなのか違うのか。

これを明らかにすることが，日本語習得研究者が世界中の第二言語習得研究界から求められていることであり，また日本語習得研究者がすでに出発点から享受できるメリットでもある。

できるだけ多様な学習者を対象に

次に，日本語の習得を研究する場合でも，同じような片寄りがある。これまで行われてきた研究は，中国語（北京語・上海語・広東語）や台湾語，

韓国語，英語（アメリカ方言・オーストラリア方言）を母語とする学習者を対象としたものが圧倒的に多かった。第5章で母語の影響ということに触れたが，このことを幅広い角度から考察するためには，できるだけ多様な言語を母語とする学習者の日本語習得のあり方を調べたい。

　　問題9：母語を異にする学習者の日本語文法習得のあり方は，同じなのか違うのか。

できるだけ多様な文法項目を対象に

　3つ目として，これまで研究が進められた文法項目が少ないということがある。第二言語習得研究のなかでも文法の研究は，ほかの項目にくらべればまだ多いほうではあるが，それでも，格，受動や使役（態），動詞のタ形やテイル形（テンス・アスペクト）など，文の内容面に関するものに片寄りがちで，推量形式や終助詞などのいわゆるモダリティ形式や，接続詞をめぐって行われた習得研究は，まだまだ少ない。

　　問題10：それぞれの文法項目の習得の実態はどのようなものなのか。

　たとえば，推量といった意味領域にかかわる形式には，「だろう」や「ようだ・らしい・みたいだ・かもしれない・にちがいない」など複数のものがあるが，これらの形式を，学習者は，習得のどの段階で，どの形式から，どのような意味で使い始めていくのだろうか。たとえば，

　　(10)　　先生：あしたは大学にいらっしゃいますか？
　　　　　　学生：たぶんくる<u>でしょう</u>。　　　　　　　　（中国，上級）

といった「でしょう」の用法は，なぜ生まれるのか。問題10は，こういった個別の問題に丁寧に答えていくことである。

日本語習得現場の多様性を踏まえて

　さらに，こういった作業を，本書でも取り上げた，

　　問題11：自然な場面と教室場面での日本語文法習得のあり方の相違
　　　　　　点や共通点はなにか。（第10章）
　　問題12：年少者と成人の間の，第二言語としての日本語の文法習得

のあり方の相違点や共通点はなにか。また，それらと，幼児の，母語としての日本語の文法獲得のあり方の相違点や共通点はなにか。(第11章)

といった面，あるいは，読者の方々が最も興味をおもちであろう，

　　問題13：教え方と習得のあり方には関連があるのか。

といった面から多角的に考えていけば，その研究はますます厚みを増すことになる。

ふたたび第二言語習得研究へのいざない

　日本語学習者を，研究のためのモルモットのように扱うことは，もちろん問題である。

　しかし，習得研究は，教育と切り離して，別に行わなければならないものではない。また，その習得のプロセスを研究し，教育に還元していくことは，長期的に見れば，合理的で，学習者にあった，時間を節約できる経済的な教育法を開発するのに寄与することにもなる。教師がごく日常的に教室のなかで実践している「第二言語習得研究」を，より客観的なものにし，また教師の間の共有財産として蓄積することが，いま求められているように思う。

　また，日本語教育界ではいま，とくに第二言語環境にある学習者について，学習者の自律的な学習といったことや，学習者の，母語話者と会話をかわすなかでの学習といった，教室場面以外での学習機会ということが注目されている。そして今後も，学習者の主体性を基礎にすえた教育の方法が模索されていくものと予想されるが，いずれの場合にもそのベースには，そもそも学習者はどのようにして学習を進めるのかということの認識がなければ，すべて教師の一人芝居に終わってしまう可能性があろう。

　以前行われた学習者不在の対照分析がどのような歴史をたどったか，本章〈1〉にもどってもう一度確認してみてほしい。

　　　　　　　　　　　　　　　　　　　　　　　　　（渋谷勝己）

調査資料

※各資料末尾の（第○章）は本書の中での使用部分を示す。

学習者の日本語

KYコーパス，鎌田修・山内博之，version 1.1, 1999.［問い合わせ先（山内博之）のメールアドレスは，hyamauch@univ.jissen.ac.jp。］
　　　　　　　　　　　　　　　　　　　　　　　（第3・5・6・7・11章）

「日本語会話データベースの構築と談話分析」（文部省科学研究費補助重点/特定領域研究「人文科学とコンピュータ」公募研究（研究代表者　上村隆一）研究成果），1995-1998.［日本語会話データベースの内容は，インターネットのホームページ，http://www.env.kitakyu-u.ac.jp/corpus/で閲覧することができる。］　　　　　　　　　　　　　　　　　（第7章）

母語話者の日本語

『女性のことば・職場編』，現代日本語研究会（編），ひつじ書房，1997.「自然談話データフロッピィディスク」全文　　　　　　　　　（第3章）

『男はつらいよ』シリーズ　全シナリオ，山田洋次（他），1969-1995.［日本語教育支援システム研究会『CASTEL/J CD-ROM V 1.2』，1998所収］［日本語教育支援システム研究会とCASTEL/Jの詳細や問い合わせ先は，インターネットのホームページ，http://castelj.soken.ac.jp/にある。］（第3章）

『CD-毎日新聞'95データ集』，毎日新聞社，日外アソシエーツ．(1月1日〜1月7日までの記事全文)　　　　　　　　　　　　　　　（第3章）

日本語教科書

『日本語初歩Ⅰ』，国際交流基金，凡人社，1981.　　　　　（第1・3章）

『みんなの日本語　初級Ⅰ　本冊』，スリーエーネットワーク（編），スリーエーネットワーク，1998.　　　　　　　　　　　　　　　（第3・7章）

『わくわく文法リスニング99　指導の手引き』，小林典子・フォード丹羽順子・高橋純子・藤本泉・三宅和子，凡人社，1995.　　　（第8章）

『わくわく文法リスニング99　ワークシート』，小林典子・フォード丹羽順子・高橋純子・藤本泉・三宅和子，凡人社，1995.　　　（第8章）

A Course in Modern Japanese Vol. 1, 名古屋大学日本語教育研究グループ，名古屋大学出版会，1983.　　　　　　　　　　　　　　　（第2章）

An Introduction to Modern Japanese, Osamu Mizutani and Nobuko Mizutani, Japan Times, 1977.　　　　　　　　　　　　　（第3章）

Situational Functional Japanese Volume 1 : Drills, Second edition, 筑波ラン

ゲージグループ，凡人社，1996. (第4・8章)
Situational Functional Japanese Volume 1 : Notes, Second edition, 筑波ランゲージグループ，凡人社，1995. (第3・4・8章)
Situational Functional Japanese Volume 2 : Drills, Second edition, 筑波ランゲージグループ，凡人社，1994. (第8章)
Situational Functional Japanese Volume 3 : Drills, Second edition, 筑波ランゲージグループ，凡人社，1995. (第8章)

参照文献

※各文献末尾の（第○章）は本書の中での引用部分を示す。

安達太郎（1999）『日本語疑問文における判断の諸相』（日本語研究叢書11）くろしお出版. （第6章）

市川保子（1997）『日本語誤用例文小辞典』凡人社. （第2章）

エリス, R.（1988）『第2言語習得の基礎』（牧野髙吉（訳））ニューカレントインターナショナル. [Ellis, R.(1985) *Understanding Second Language Acquisition*. Oxford : Oxford University Press.] （第2・12章）

大久保愛（1967）『幼児言語の発達』東京堂出版. （第11章）

大久保愛・川又瑠璃子（1982）「就学前幼児の語彙——4児による日常生活語の実態」『研究報告集3』（国立国語研究所報告71）, pp. 237-287, 国立国語研究所. （第11章）

オクスフォード, R.（1994）『言語学習ストラテジー——外国語教師が知っておかなければならないこと』（宍戸通庸・伴紀子（訳））凡人社. [Oxford, R.(1990) *Language Learning Strategies : What Every Teacher Should Know*. Rowley : Newbury House.] （第12章）

オドリン, T.（1995）『言語転移——言語学習における通言語的影響』（丹下省吾（訳））リーベル出版. [Odlin, T.(1989) *Language Transfer : Crosslinguistic Influence in Language Learning*. Cambridge : Cambridge University Press.] （第5章）

鎌田修（1996）「OPI」鎌田修・川口義一・鈴木睦（編）『日本語教授法ワークショップ』pp. 196-215, 凡人社. （第5章）

家村伸子（2001）「日本語の否定形の習得——中国語母語話者に対する縦断的な発話調査に基づいて」『第二言語としての日本語の習得研究』4, pp. 63-81, 凡人社. （第2章）

家村伸子・迫田久美子（2001）「学習者の誤用を産み出す言語処理のストラテジー（2）——否定形「じゃない」の場合」『広島大学日本語教育研究』11, pp. 43-48, 広島大学教育学部日本語教育学講座. （第2章）

久慈洋子・斉藤こづゑ（1982）「子供は世界をいかに構造化するか：deictic words の獲得」秋山高二・山口常夫・F. C. パン（編）『言語の社会性と習得』pp. 221-243, 文化評論出版. （第11章）

久慈洋子・斉藤こづゑ（1985）「文脈指示能力の発達——クローズ法による」『日本教育心理学会第27回総会発表論文集』pp. 242-243, 日本教育心理学会. （第11章）

久保田美子（1994）「第二言語としての日本語縦断的習得研究——格助詞「を」

「に」「で」「へ」の習得過程について」『日本語教育』82, pp. 72-85, 日本語教育学会. (第2章)
小林典子 (1996)「相対自他動詞による結果・状態の表現——日本語学習者の習得状況」『文藝言語研究 言語篇』29, pp. 41-56, 筑波大学文芸・言語学系. (第9章)
小林典子・フォード順子 (1992)「文法項目の音声聴取に関する実証的研究」『日本語教育』78, pp. 167-177, 日本語教育学会. (第4章)
小林典子・フォード順子・山元啓史 (1996)「日本語能力の新しい測定法」『日本語教育論集 世界の日本語教育』6, pp. 201-218, 国際交流基金日本語国際センター. (第4章)
佐久間鼎 (1936)『現代日本語の表現と語法』厚生閣. [増補版復刊, くろしお出版, 1983] (第8章)
迫田久美子 (1993)「話し言葉におけるコ・ソ・アの中間言語研究」『日本語教育』81, pp. 67-81, 日本語教育学会. (第1章)
迫田久美子 (1998)『中間言語研究——日本語学習者による指示詞コ・ソ・アの習得』渓水社. (第1・2・3・11章)
迫田久美子 (2001a)「学習者の誤用を産み出す言語処理のストラテジー(1)——場所を表す「に」と「で」の使い分け」『広島大学日本語教育研究』11, pp. 17-22, 広島大学教育学部日本語教育学講座. (第2章)
迫田久美子 (2001b)「第一言語と第二言語の習得過程」南雅彦・アラム佐々木幸子(編)『言語学と日本語教育2 : New Directions in Applied Linguistics of Japanese』pp. 253-269, くろしお出版. (第11章)
渋谷勝己 (1995)「心情とわきまえ意識の衝突するところ——京都市」『言語』24-12 (別冊 変容する日本の方言), pp. 110-121, 大修館書店. (第10章)
白畑知彦・冨田祐一・村野井仁・若林茂則 (1999)『英語教育用語辞典』大修館書店. (第4章)
申恵璟 (1985)「第二言語としての日本語習得における「コソア」の問題」『言語の世界』2-2, pp. 97-111, 言語研究学会. (第1章)
田中真理 (1995)「第二言語習得における複文生成」国際基督教大学日本語教育プログラム・日本語教育研究センター(編)『日本語教育の課題——ICU日本語教育四十周年記念論集』pp. 149-176, 東京堂出版

(第6・7章)
田中実 (1994)「第4章 語彙の習得」小池生夫(監修) SLA研究会(編)『第二言語習得研究に基づく最新の英語教育』pp. 70-88, 大修館書店.

(第2章)
千野栄一 (1999)『ことばの樹海』青土社. (第5章)
寺津典子 (1983)「談話における照応表現——照応に関する言語能力の発達について」『言語』12-12, pp. 59-75, 大修館書店. (第11章)
寺村秀夫 (1990)『外国人学習者の日本語誤用例集』(特別推進研究「日本語の

普遍性と個別性に関する理論的及び実証的研究」分担研究「外国人学習者の日本語誤用例の収集，整理及び分析」資料）［研究目的に限定した公開についての情報は，http://cookie.lang.nagoya-u.ac.jp/pub/teramura.html にある。］ (第2・6・7章)
當作靖彦（1991）「文法とコミュニケーション能力発達の関係——日本語のクラスでの実験をもとにした考察」『日本語教育』73，pp. 58-72，日本語教育学会． (第8章)
富田英夫（1997）「L2日本語学習者における「は」と「が」の習得——キューの対立が引き起こす難しさ」『日本語教育論集　世界の日本語教育』7，pp. 157-174，国際交流基金日本語国際センター． (第4・7章)
長友和彦・迫田久美子（1988）「誤用分析の基礎研究（2）」『教育学研究紀要』34，pp. 147-158，中国四国教育学会． (第1章)
新村朋美（1992）「指示詞の習得——日英語の指示詞の習得の対照研究」『早稲田大学日本語研究教育センター紀要』4，pp. 36-59，早稲田大学日本語研究教育センター． (第1章)
野田春美（1997）『「の（だ）」の機能』（日本語研究叢書9）くろしお出版． (第6章)
野田尚史（1996）『「は」と「が」』（新日本語文法選書1）くろしお出版． (第7章)
花田敦子（1998）「学習者の「は」と「が」の使い分けの意識——キーワードによる分析」『九州大学留学生センター紀要』9，pp. 65-84，九州大学留学生センター． (第7章)
フォード丹羽順子・小林典子・山元啓史（1995）「日本語能力簡易試験は何を測定しているか——音声テープ要因の解析」『日本語教育』86，pp. 93-102，日本語教育学会． (第4章)
フォード丹羽順子・小林典子・木戸光子・松本哲洋（2000）「「構文動機」を記述した日本語教育のための文法——母語話者はなぜその文法形式を使うのか」『日本語教育論集』15，pp. 1-12，筑波大学留学生センター． (第9章)
福間康子（1997）「作文からみた初級学習者の格助詞「に」の誤用」『九州大学留学生センター紀要』8，pp. 61-74，九州大学留学生センター． (第2章)
八木公子（1999）「中間言語における主題の普遍的卓立——「は」と「が」の習得研究からの考察」『第二言語としての日本語の習得研究』2，pp. 57-67，凡人社． (第7章)
八木公子（2000）「「は」と「が」の習得——初級学習者の作文とフォローアップインタビューの分析から」『日本語教育論集　世界の日本語教育』10，pp. 91-107，国際交流基金日本語国際センター． (第7章)
ラーセン・フリーマン，D.・M. H. ロング（1995）『第2言語習得への招待』（牧野高吉・萬谷隆一・大場浩正（訳））鷹書房弓プレス．［Larsen-Freeman, D. and M. H. Long (1991) *An Introduction to Second Lan-*

guage Acquisition Research. London : Longman.]　　　　　(第12章)

ラドー, R. (1959)『文化と言語学』(上田明子(訳)) 大修館書店. [Lado, R. (1957) Linguistics across Cultures : Applied Linguistics for Language Teachers. Ann Arbor : University of Michigan Press.]　　(第12章)

リーチ, G. N. (1985)『語用論』(池上嘉彦・河上誓作(訳)) 紀伊国屋書店. [Leech, G. N. (1983) Principles of Pragmatics. London : Longman.]
(第9章)

ロング, ダニエル (1992)「対外国人言語行動の実態」『日本語研究センター報告』1, pp. 57-81, 大阪樟蔭女子大学日本語研究センター.　　(第10章)

Bailey, N., C. Madden and S. Krashen (1974) Is there a 'natural sequence' in adult second language learning? Language Learning 24(2), pp. 235-243.　　(第11章)

Banno, E. and S. Komori (1989) A study of Japanese acquisition order. 『白馬夏季言語学会論文集』pp. 60-73, 白馬夏季言語学会.　　(第2章)

Bishop of Homoco (1879) Revised and Enlarged edition of Exercises in the Yokohama Dialect and Corrected at the Special Request of the Author by the Bishop of Homoco. (2nd edn.) Yokohama : Japan Gasette. [Kaiser, S. (ed.) (1995) The Western Rediscovery of the Japanese Language Vol. 5. Richmond : Curzon Press. 所収])　　(第10章)

Clahsen, H. and P. Muysken (1986) The availability of universal grammar to adult and child learners : A study of the acquisition of German word order. Second Language Research 2, pp. 93-119.　　(第11章)

Dulay, H. and M. Burt (1974) Natural sequences in child second language acquisition. Language Learning 24(1), pp. 37-53.　　(第11章)

Ellis, R.(1988) The effects of linguistic environment on the second language acquisition of grammatical rules. Applied Linguistics 9(3), pp. 257-273.
(第2章)

Ford-Niwa, J. and N. Kobayashi (1999) SPOT : A test measuring "control" exercised by learners of Japanese. In Kanno, K.(ed.) The Acquisition of Japanese as a Second Language, pp. 53-69, Amsterdam : John Benjamins Publishing.　　(第4章)

Huebner, T.(1979) Order-of-acquisition vs. dynamic paradigm : A comparison of method in interlanguage research. TESOL Quarterly 13, pp. 21-28.　　(第2章)

Huebner, T.(1981) Creative construction and the case of misguided pattern. In Fisher, J., M. Clarke and J. Schachter (eds.) On TESOL '80 Building Bridges, pp. 101-110, Washington, D. C. : TESOL.　　(第2章)

Schumann, J.(1979) The acquisition of English negation by speakers of Spanish : A review of the literature. In Anderson, R.(ed.) *The Acquisition and Use of Spanish and English as First and Second Languages*, pp. 3-32, Washington, D. C. : TESOL. (第 11 章)

Selinker, L.(1972) Interlanguage. *International Review of Applied Linguistics* 10, pp. 209-231. (第 1 章)

あとがき

　「アノ時」を使うべきところで「ソノ時」と間違えたメキシコ人学習者にその理由を聞いたところ，「えーっと，「時」には「ソノ」をつけるんじゃないの？」と言われたのは今から10年前。私がコ・ソ・アの誤用分析を始めた頃でした。ソノ時はがっかりしましたが，結果的にこのやりとりが5年後の研究のヒントになりました。学習者も研究者も「学ぶには時間がかかる」，第二言語習得研究をしていて痛感することです。
　本書のもとになったシンポジウムの企画開始から今日までの長いようで短かった2年半，私自身多くの刺激（理解可能なインプット？）を受けました。さらに今回の共同執筆で，異なった視点の情報から多くのことに気づかされ，考えさせられ，やはり「学ぶには時間がかかる」を実感しました。
　「これからも刺激を受け，データを見つめながら，習得パズルの謎解きを続けていきたい」と思う今日このごろです。　　　　　　　（迫田久美子）

　「えっ！もうできてしまうの？」というのが正直な感想です。とにかく早かったと感じます。なぜ，そんな感想を持つのか。以下が私の分析です。
　(1)共著の中で，私はただの一兵卒で，出版の労苦を野田さんが一身に担ってくれた。(2)原稿締め切りを，私を除いて皆が守った。（私も極端には遅れなかった！）(3)企画段階で野田さんの青写真がしっかりしていたので，分担執筆で全体の調整はさほど必要ではなかった。(4)日本語学習者用教科書の執筆内容の拙さは学習者に習得の労苦を与えるが，指導する側が読者であれば，まずい執筆内容も批判的に読んでもらえる。（これは気分的にラク！）(5)信頼できる編集者に支えられた。（柴田さんありがとう！）
　現場教師という立場でものを言うのが，本書で与えられた私の役割でしたので，教室の教師の目が何を見ているのか書いたつもりです。現場の先生の実感に合う内容になったでしょうか？　　　　　　　　　　（小林典子）

1986年，光の入らないクィーンズランド大学の図書館で毎日コツコツと対照分析研究の論文を読みあさっていたところ，偶然にも中間言語という概念に出会ったことが，私が第二言語習得研究にかかわるきっかけでした。1987年，帰国して邦文の文献をさがしてみると，中間言語をタイトルにかかげる論文は，日本語教育の分野にはまったくありませんでした。
　しかし考えてみれば，言語学の歴史は，「一人前の言語ではない言語」が，実際には「整然とした体系をもった言語」であることを発見してきた歴史です。アジア・アフリカの言語，方言，ピジン・クレオール，幼児の言語などが，そのようにして言語学の舞台に登場しました。このように考えれば，中間言語も，当然研究の対象となってしかるべきだったのです。
　中間言語には，まだまだ未知の世界がたくさんあります。2001年，いっしょに中間言語探求の旅にでかけてみませんか。　　　　（渋谷勝己）

　本書出版のきっかけは，1999年5月22日に千葉県の麗澤大学で行われた平成11年度日本語教育学会春季大会のシンポジウム「日本語学習者の文法習得」です。シンポジウムのときは，本書執筆の4名の他，企画者として西口光一が，パネリストとして張麟声が加わっていました。本書出版にあたっての大修館書店の担当者は，康駿，佐藤純子，柴田祈でした。
　このような学際的な本が作れたのは，ちょうど日本で言語習得という火山が噴火して，どろどろの溶岩が流れだした時に当たったからです。溶岩が冷めて固まる前に，自分たちで好きなように形を作ることができました。
　執筆の4人は専門も違い，言語習得にたいする考え方も初めは大きく違っていました。その4人が最終的には同じ方向を向いて本を完成させることができたのは，メールを使って本音の議論をしてきたからです。シンポジウムの準備段階から本の出版まで，500通ものメールが飛びかいました。
　4人の好奇心の強さや考え方の柔軟性も幸いしました。みんな今の専門は日本語ですが，大学のときの専門は違います。野田はスペイン語学，迫田は英語教育，渋谷は英語学，小林は英文学です。あれこれ手を出してみたいお調子者が作った本，どうぞ気楽にお読みください。　　（野田尚史）

索 引

〈あ〉
ア系（指示詞） 6,9,12-23,202-211
「あげる」 109-110
穴埋め 10,32,64,67-68,71,129-130
「あの」 19-21
「ある」と「いる」 87,113-114

〈い〉
イ形容詞の過去丁寧形 47
異同条件 109-111
依頼 37
イントネーション 151

〈う〉
運用 41,121-138

〈え〉
英語 9,36,75-76,96,216,225
英語学習者 33
英語話者 10,88,91,165-166
遠近条件 112-113

〈お〉
音からの誤解 78-79
音声 86-88,151

〈か〉
「が」 78,145,161
　「は」と「が」 71,116-117,132,151,162
「があります」 27,71
外国語環境 177-178,192-193,222
外来語 96

会話 52,64,67,92,204
会話テスト 65
書きことば 154,174
学習 177-178
学習者間の個別性 88,219
学習者独自の文法 3-23,42,74,128,130
格助詞 72,161
獲得 177-178
過去形 26,35,87,106-107,165
過去丁寧形 46-48,60-61
化石化 5,197
課題解決型ドリル 156-157
カタカナの読み 68
活用のシステムの合理化 48-49
可能 37,88-91,222
「から」 78,162
カリキュラム 159-176
漢語 95-96
韓国語 10,49,91,96,184-185
韓国語話者 10,17-22,29-33,88-93
漢字圏 143
干渉 74,94
観念指示（用法） 8,14-15,201-211
願望 140
慣用句 95

〈き〉
既習言語 74-76,96
機能 35,141-142,172
疑問 27,36-37
教科書 7-9,27,48,53-54,59,72,122,134-135,142,152-154,172,208

共起　104-105,112-117
教師　26,41-43,139-140,163,210-211,215,220-224,227
教室環境　189-194
教授法　79-81,139-142
近似的な文法規則　54

〈く〉
具体名詞　21-22
「くれる」　109-110

〈け〉
形式　35,140-142
軽重条件　109-110
「けど」　162
現在形　80,169-170
現在進行形　93-94
謙譲語　118-120
現場指示（用法）　8-9,201

〈こ〉
広狭条件　105-107
合理化　48-50,60,98
合理的な文法規則　49
コ系（指示詞）　9,14-19,201-202,206-211
語順　6,49,75
語順固定型　72-73
コ・ソ・ア　7-23,28,55,116,195
ことわざ　95
コミュニケーション重視　142
誤用　3-7,26-42,61-81,110,136,222
誤用の意義　5-6
誤用の原因　63-81
誤用の種類　6-7
誤用分析　216-217,220-221
語用論　171-176
コリアン一世　177,180,183,188-190
「これ」　19-20

〈さ〉
在日コリアン一世　177,180,183,188-190
作文　6,9-10,64,66,150,154
作用域　168-169
三項対立　11-12

〈し〉
使役受動　78
使役文　175
「しか」　76
自己中心性　202,208
指示詞　7-10,200-201
辞書　66
自然な環境　189-194
視点　170
児童　202
自動詞　155-156,167
自動的処理　65
社会言語能力　193
「じゃない」　38-39
「じゃないですか」　110-111
終助詞　134,162-163
従属節　125,130-136
縦断的研究　18,20
習得環境　178-179,194
習得順序　27,35,129,198-199,211-212,222
主題　129-131
受動　102,103,108,125,156,170,175
情意フィルター　197
上級　6-7,11-12,46,80,86,88,102,111,143,160,163,172,210
省略　122-126
初級　6-7,11,35-42,80,88,102,129,

140-145,160-166,170-171,175-176,210
処理時間　65-66
新聞　52

〈す〉
推量　168-169,226
推論　72
ストラテジー　25,30,33
　　ユニット形成のストラテジー　26-30,33-34,212
　　付加のストラテジー　35-37
スペイン語話者　75,77

〈せ〉
正用　28-31,38-39
接続詞　6
セリンカー　23
前後条件　112,114-115
選択問題　71

〈そ〉
ソ系（指示詞）　9,12-23,201-209
尊敬語　118-120
存在文　77,145,173

〈た〉
「た」　87,165-166
「たい」　73,80-81,140-141
第一言語　195
大小条件　105-107
対照分析　215-217,221
第二言語　195
第二言語環境　177-178,188,222
対比　130
対立　103-105,108-112,127-132
対話　10-14
「だけ」　71,76
他動詞　155-156,167

「ために」　4,156-157
「だろう」　163-164
単純化　59-61
単複条件　112,116-117

〈ち〉
知識　41
注意力不足　69
中間言語　21-23,25,179,216,221
中級　6-7,11-12,21,32,37-41,46,88,91-92,102,129,131,143,160,162-163,166,169
中国語　9
中国語話者　17-22,29-33,88,91,143
抽象名詞　21-22
聴解テスト　66
超級　46,49,88

〈て〉
「で」
　　「に」と「で」　5,29-35,50-54,60-61,65,103-104,113-114,146-147
「てあげる」　123
「てある」　77
「である」　71
ティーチャートーク　152
丁寧体　106,132-138,152-153
「ている」　77,80,87,166
「できる」　222
「てくる」　76,123
「てくれる」　76,85,123-124,174
テ形　103,107
「でしょう」　226
「です」　26-27,76
「ですか」　27
「てもいい」　81
「てもらう」　76,174

転移 84
テンス 115, 226

〈と〉
「と」 5, 35
統制的処理 65, 70-71
到達度テスト 67
時を表す名詞 112
「ところ」 74
とりたて助詞 161
ドリル 155-156

〈な〉
内外条件 112, 115-116
難易度 86, 97, 101-120

〈に〉
二項対立 11-12
ニセの文法規則 50
「に」と「で」 5, 29-35, 50-54, 60-61, 65, 103-104, 113-114, 146-147
　教科書の「に」と「で」 53
　母語話者の「に」と「で」 51

〈ね〉
「ね」 134, 162

〈の〉
「の」 6, 73
能力テスト 67
「のだ」 104-105, 115-116, 117-118, 147, 169
　「んです」 37, 147-150, 169

〈は〉
「は」 87, 145, 161
場当たり派 143-144, 156
媒介語 144
「はずだ」 163-164

発達過程 14
「は」と「が」 71, 116-117, 132, 151, 162
話しことば 152, 154, 173
母親 208
パラオの日本語 185

〈ひ〉
非漢字圏 143
非現場指示（用法） 8-9, 201-204
ピジン 179-181
筆記テスト 66
否定 37, 109, 168-169, 185
否定 6, 76, 80

〈ふ〉
フォリナートーク 190
付加 35-37
付加のストラテジー 37
副詞 103
複文 165-169
不合理な文法規則 46
普通体 106, 107, 132, 152-153, 163
部分固定型 73-74
普遍性 217, 225
プロミネンス 151
文型 145
分散分析 33, 39-40
文章 169-171
文体 152
文法規則 46, 49-50, 54-55, 58-59
文法
　気持ちを担う文法 142, 161
　骨格を担う文法 142, 161
文法積み上げ式 142, 173
文法テストの特徴 70-72
文脈指示（用法） 8, 14-16, 201-211

索引——243

〈ほ〉
「ほうが（いい）」 28,81
方言 60,88,134,185,190-192
母語 9-18,22-23,30,33,74-76,83-99,165,216-217
母語の影響 10,23,83-99,199,214-215,226
母語の習得 195-212

〈ま〉
「ます」 76
「まで」 69
「までに」 69

〈み〉
耳型 70,143

〈む〉
ムード 143,160-164
無助詞 55-57,61-62

〈め〉
名詞修飾 103,107,131
命題 160
目型 70,143

〈も〉
目標言語 23,61
モダリティ 161,226

〈ゆ〉
ユニット形成 21,25-35,212
　　英語習得のユニット形成 33
　　「に」と「で」のユニット形成 32
ユニット形成のストラテジー 26-30,33-34,212
ゆれのある文法規則 55

〈よ〉
「よ」 134,162-163
幼児 195,204-207
「ように」 156-157

〈ら〉
ラ抜きことば 90,192

〈り〉
臨界期 196,219

〈れ〉
練習 139-158

〈ろ〉
論理派 143-144

〈わ〉
「わけ」 71

〈ん〉
「んです」 37,147-150,169
　「のだ」 104-105,115-116,117-118,147,169
「んですから」 5

OPI 46,49,88,92
SPOT 66,71

[著者紹介]

野田尚史（のだ・ひさし）
1956年，石川県金沢市生まれ。大阪外国語大学大学院外国語学研究科修士課程日本語学専攻修了。博士（言語学）。専門は日本語学。現在，大阪府立大学人間社会学部教授。主な著書は『「は」と「が」』（くろしお出版，1996）。

迫田久美子（さこだ・くみこ）
1950年，広島県三次市生まれ。広島大学大学院教育学研究科博士課程日本語教育学専攻修了。博士（教育学）。専門は第二言語習得研究。現在，広島大学大学院教育学研究科教授。主な著書は『日本語教育に生かす第二言語習得研究』（アルク，2002）。

渋谷勝己（しぶや・かつみ）
1959年，山形県山形市生まれ。大阪大学大学院文学研究科博士課程日本学専攻中退。学術博士。専門は社会言語学。現在，大阪大学大学院文学研究科助教授。主な著書は『社会言語学』（共著，おうふう，1992）。

小林典子（こばやし・のりこ）
1946年，大分県臼杵市生まれ。筑波大学大学院修士課程地域研究研究科修了。専門は日本語教育。現在，筑波大学大学院人文社会科学研究科助教授。主な著書は *Situational Functional Japanese*（共著，凡人社，1991-1992）。

日本語学習者の文法習得
©NODA Hisashi, SAKODA Kumiko,
　SHIBUYA Katsumi, KOBAYASHI Noriko, 2001

NDC815 256p 21cm

初版第1刷	2001年4月1日
第3刷	2005年9月1日

著　者	野田尚史・迫田久美子・渋谷勝己・小林典子
発行者	鈴木一行
発行所	株式会社　大修館書店

〒101-8466 東京都千代田区神田錦町3-24
電話 03-3295-6231（販売部） 03-3294-2357（編集部）
振替 00190-7-40504
[出版情報] http://www.taishukan.co.jp

装丁者	下川雅敏
印刷所	壮光舎印刷
製本所	関山製本社

ISBN4-469-22154-6　Printed in Japan

R本書の全部または一部を無断で複写複製（コピー）することは，著作権法上での例外を除き禁じられています。

言語教育学入門	山内 進 編著	A5判・322頁 本体2,400円
第二言語習得研究の現在 これからの外国語教育への視点	小池生夫 編集主幹 木下耕児他 編集	A5判・354頁 本体2,800円
現代日本語文法の輪郭	南 不二男 著	四六判・282頁 本体2,000円
日本語教育の方法 コース・デザインの実際	田中 望 著	A5判・240頁 本体1,400円
日本語教育の理論と実際 学習支援システムの開発	田中 望・斎藤里美 著	A5判・250頁 本体1,600円
日本語教師のための言語学入門	小泉 保 著	A5判・394頁 本体2,500円
入門日本語テスト法	石田敏子 著	A5判・242頁 本体1,600円
日本語教師のための 実践「日本事情」入門	細川英雄 著	四六判・274頁 本体1,600円
新しい日本語教育のために	J. V. ネウストプニー 著	四六判・304頁 本体2,300円
改訂新版 日本語教授法	石田敏子 著	A5判・320頁 本体2,300円
〔英文〕間違えやすい日本語語法 A Student's Guide to Japanese Grammar	マクグロイン花岡直美 著	A5判・168頁 本体1,200円
日本語教育ハンドブック	日本語教育学会 編 林 大 編集代表	A5判・640頁 本体5,000円
日本語百科大事典（縮刷版）	金田一春彦・林 大・ 柴田 武 編集責任	菊判・1538頁 本体9,000円
日本語基本動詞用法辞典	小泉 保他 編	菊判・624頁 本体4,800円

大修館書店

定価＝本体＋税5％（2005.9現在）